国際交流基金 日本語教授法シリーズ 3

文字・語彙を教える

国際交流基金 著

国際交流基金 日本語教授法シリーズ

【全14巻】

 第 1 巻「日本語教師の役割／コースデザイン」

 第 2 巻「音声を教える」［音声・動画・資料データ付属］

 第 3 巻「文字・語彙を教える」

 第 4 巻「文法を教える」

 第 5 巻「聞くことを教える」［音声ダウンロード］

 第 6 巻「話すことを教える」

 第 7 巻「読むことを教える」

 第 8 巻「書くことを教える」

 第 9 巻「初級を教える」

 第10巻「中・上級を教える」

 第11巻「日本事情・日本文化を教える」

 第12巻「学習を評価する」

 第13巻「教え方を改善する」

 第14巻「教材開発」

■はじめに

　国際交流基金日本語国際センター（以下「センター」）では1989年の開設以来、海外の日本語教師のためにさまざまな研修を行ってきました。1992年には、その研修用教材として『外国人教師のための日本語教授法』を作成し、主に「海外日本語教師長期研修」の教授法の授業で使用してきました。しかし、時代の流れとともに、各国の日本語教育の状況が変化し、一方、日本語教授法に関する研究も発展したため、センターの研修の形や内容もさまざまに変化してきました。

　そこで、現在センターの研修で行われている教授法授業の内容を新たにまとめ直し、今後の研修に役立て、また広く国内外の日本語教育関係のみなさまにも利用していただけるように、この教授法シリーズを出版することにしました。この教材の主な対象は、海外で日本語教育を行っている日本語を母語としない日本語教師ですが、広くそのほかの日本語教育関係者や、改めて日本語教授法を独りで学習する方々にも役立てていただけるものと考えます。また、現在教師をしている方々を対象としていますが、日本語教育経験の浅い先生からベテランの先生まで、できるだけ多くのみなさまに利用していただけるよう工夫しました。

■この教授法シリーズの目的

　このシリーズでは、日本語を教えるための必要な基礎的知識を紹介するだけでなく、実際の教室で、その知識がどう生かせるのかを考えてもらうことを目的としています。

　国際交流基金日本語国際センターでは、教師の基本的な姿勢として、特に次の能力を育てることを目的として研修を行ってきました。その方針はこのシリーズの中でも基本的な考え方となっています。

1）自分で考える力を養う

　理論や知識を受身的に身につけるのではなく、自分で考え、理解して吸収する力を身につけることを目的とします。

2）客観性、柔軟性を養う

　自分のこれまでの方法、考え方にとらわれず、ほかの教師の意見や方法を知り、客観的に理解し、時には柔軟に受け入れることのできる教師を育てることをめざします。

3）現実を見つめる視点を養う

　つねに現状や与えられた環境、自分の特性や能力を客観的に正確に把握し、自分の現場に合った適切な方法を見つける姿勢を育てることをめざします。

4）将来的にも自ら成長できる姿勢を養う

　研修終了後もつねに自分自身で課題を見つけ、成長しつづける自己研修型の教師を育てることをめざします。

■この教授法シリーズの構成

　このシリーズは、テーマごとに独立した巻になっています。どの巻からでも学習を始めることができます。各巻のテーマと概要は以下の通りです。

巻	テーマ	概要
第 1 巻	日本語教師の役割／コースデザイン	日本語を教えるうえでの全体的な問題をとりあげます。
第 2 巻	音声を教える	各項目に関する基礎的な知識の整理をし、具体的な教え方について考えます。
第 3 巻	文字・語彙を教える	
第 4 巻	文法を教える	
第 5 巻	聞くことを教える	
第 6 巻	話すことを教える	
第 7 巻	読むことを教える	
第 8 巻	書くことを教える	
第 9 巻	初級を教える	各レベルの教え方について、総合的に考えます。
第10巻	中・上級を教える	
第11巻	日本事情・日本文化を教える	
第12巻	学習を評価する	
第13巻	教え方を改善する	
第14巻	教材開発	

■この巻の目的

　日本語の文字・語彙の学習は、どちらも覚えなければならないことが多いという特徴があります。学習者は、日本語学習初期から、ひらがな、カタカナ、そして漢字に向き合い、地道に努力を重ねる必要があります。また、語彙学習も、レベルが上がれば上がるほど、覚えることが増えていきます。このような文字・語彙の学習を、学習者の暗記や努力に任せてよいのでしょうか。

　この巻では、学習者があきずに楽しく文字・語彙の学習を継続できるように、教師はどのような工夫をしたらよいのかについて、具体的に考えます。そして、文字・語彙の学習において重要なことは、学習者が、ただ暗記するような学習方法以外にも、いろいろな方法があることを知り、自分に合う学習方法を見つけ、自律的に学習を進められるようになることだと考えます。そのためには、教師が、学習者にさまざまな学習方法を体験させ、学習に役立つツールを紹介することが重要です。

　この巻の目標は以下の3点です。
①教える際に必要な日本語の文字・語彙に関する基礎的な知識を確認し、整理する。
②単調になりがちな文字・語彙の学習に対する学習者の意欲を高め、楽しく効果的に覚えることのできる教え方、学習方法のバリエーションを増やす。
③自分の教授現場に合わせて、さまざまな学習段階での目標、目的に応じた導入や練習の方法を考える。

■この巻の構成

1. 全体の構成

本書の構成は、以下のようになっています。

I. 文字編

1. 日本語の文字
* 学習者の視点から、日本語の文字、表記の特徴について知識を整理します。

2. かな（ひらがな・カタカナ）の教え方
* 文字数の多いひらがな、カタカナの学習を、学習者の動機を下げることなく続けるために必要な工夫について考えます。
* かなの導入や練習のさまざまな方法を紹介し、それぞれの目的や意義、留意点について考えます。

3. 漢字の基礎的知識
* 漢字を教えるときに教師が知っておいたほうがよい知識を整理します。

4. 漢字の教え方
* 漢字学習を4つの段階に分け、それぞれの段階での具体的な練習方法を紹介し、それぞれの目的や意義について考えます。
* 学習者が自律的に漢字学習を継続できるように、漢字学習に必要な知識やツールについて考えます。

II. 語彙編

5. 日本語の語彙
* 日本語の語彙の特徴を確認します。
* 学習者にとって必要な語彙の知識を確認します。

6. 語彙の教え方
* 語の意味のさまざまな教え方について、その長所や短所を考えます。
* 語を覚えるため、語の知識を深めていくためのさまざまな練習方法を紹介し、それぞれの特徴や留意点を考えます。

2. 各章の構成

この巻は、各課題（【質問】）にそって、次のような内容に分かれています。

 ### ふり返りましょう

自分自身の体験や教え方をふり返る

グループやクラスで教授法を学んでいる場合は、ほかの人の教え方や考え方を知り、自分やほかの人が、その教え方をしている理由や意味を考えてください。

 ### 考えましょう

文字や語彙の知識を整理したり、教え方を考える

- 文字や語彙の実際の使われ方から、教えるときに必要となる知識やポイントを考えます。
- さまざまな教え方や考え方の意義や目的、留意点などを考えます。そして、知識として理解するのではなく、自分の教育現場に当てはめて考え、自分の教育現場への適用を考えてください。

 ### やってみましょう

活動を体験する

実際に練習や活動を体験したり、分析作業などをやってみたりすることを通して、理解を深めます。

 ### 整理しましょう

そこまでに学んだことをふり返って整理する

考えたこと、学んだことをもう一度整理して、その目的や意味を再確認し、今後の教授活動に生かします。

目 次

Ⅰ. 文字編

1 日本語の文字 2

2 かな（ひらがな・カタカナ）の教え方 10

- 2-1. かなの「読み」の教え方 13
  - (1) 導入の方法
  - (2) 「読み」の練習
- 2-2. かなの「書き」の教え方 23
  - (1) 導入の方法
  - (2) 「書き」の練習
- 2-3. 文字の学習から語彙の学習へ 29

3 漢字の基礎的知識 34

- 3-1. かなと漢字の違い 34
- 3-2. 漢字の数 35
- 3-3. その他の基礎的知識 36

4 漢字の教え方 38

- 4-1. 漢字指導の方法 38
- 4-2. 漢字の段階的な指導 39
  - (1) 漢字学習を始める前（オリエンテーション）
  - (2) 導入期
  - (3) 漢字を整理しながら増やす時期
  - (4) 自律的に漢字を増やす時期

II. 語彙編

5 日本語の語彙 62
5-1. 日本語の語彙の特徴 62
5-2. 語彙を学習するとは 64

6 語彙の教え方 68
6-1. 語彙の導入 68
　（1）意味の教え方
　（2）意味の推測
6-2. 語彙の練習 77
　（1）語彙のいろいろな練習
　（2）語彙の学習に焦点を当てた授業例
　（3）語彙学習と多読、多聴

解答・解説編 100

【参考文献】 111

巻末資料 116

> Ⅰ．文字編

1　日本語の文字

　文字の教え方を考える前に、まず、日本語の文字について考えてみましょう。
　巻末の資料1「国勢調査」（総務省）のポスターを見てください。**「10月1日現在で国勢調査を実施します。」**という情報を、いろいろな言語で表したポスターです。これを見ると、世界にはさまざまな特徴をもった文字があることがわかります。これらの文字と比べて、日本語の文字にはどのような特徴があるでしょうか。日本語の文字を教えるとき、学習者の母語の文字の形、書き方、書くときのルールなどを考えてみると、学習者が日本語の文字の学習をどのように感じるのかがわかってきます。日本の文字を読めて書けるようになるには、どのような点に気をつけて指導すればよいのか、まずは、文字を教えるときに知っているとよい日本語の文字の知識について確認してみましょう。

 考えましょう

【質問1】
日本で使われている文字には、どんな特徴がありますか。ほかの言語とどのようなところが違うでしょうか。

　日本語には、ひらがな、カタカナ、漢字があります。ひらがなとカタカナは、中国の漢字をもとに、日本で作られたものです。ひらがなは、図1のように、漢字全体をくずしていって形を簡単にしたもの、カタカナは、図2のように、漢字の一部だけをとって作られたものです。こうしてできた日本独自の文字であるひらがなとカタカナは、音を表すことから、**表音文字**と言われています。一方、中国で作られた文字である漢字は、意味を持つことから、**表意文字（表語文字）**と言われています。

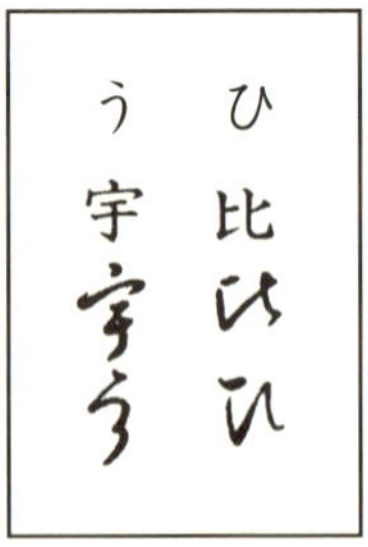

図1 　図2

『カラーワイド新国語要覧　増補第4版』
（大修館書店）p.321 より

ひらがなやカタカナのもとになった漢字の一覧は、巻末の資料2「ひらがなの字源」、資料3「カタカナの字源」を見てください。もとの漢字を知ることは、中国、韓国など、漢字を使用してきた地域（漢字圏）の学習者には、ひらがな、カタカナの字形や発音を覚える助けになり、また、漢字を使用しない地域（非漢字圏）の学習者にとっては、漢字の学習に興味を持つきっかけになることがあります。

　現在の日本語では、ひらがな、カタカナ、漢字に加えて、ローマ字も使われています。略語（PC：パーソナルコンピューター、CD：コンパクトディスク）、単位（cm、kg、㎡）、順番を示すA、B、Cなどのほか、地名や駅名の表示板、標識などにローマ字表記が多く使われています。

　このように日本語は、書き表すための文字の種類が複数あり、学習者にとって、覚えるべき文字の数が多いという特徴があります。

【質問2】
日本語で使われている文字は、いくつぐらいあるでしょうか。

　巻末の資料4「ひらがな表」を見てください。ひらがなは、「あ」から「ん」までの46文字、それから、「ば・ぱ」などの濁音・半濁音、「きゃ・きゅ・きょ」などの拗音、促音の「っ」もあります。さらにカタカナ、そして漢字もあるので、かなりの数にのぼります。みなさんの学習者の国の文字と比べてどうでしょうか。もし、日本語の文字のほうが多ければ、学習者は文字の学習を負担に感じているかもしれません。

　また、日本語の表記（文字の使い方）の特徴は、文字の種類や数が多いだけでなく、いろいろな文字を交ぜて使うという点もあげられます。みなさんの学習者の文字は、表音文字ですか、表意文字ですか。日本語は、表意文字である漢字と表音文字であるかなをいっしょに使って書くことが一般的です。これを、**漢字かな交じり**

3

文と言います。漢字かな交じり文のように、異なる文字を同時に使う言語は、ほかにあまり例がありません。この日本語の表記の特徴を確認する活動をしてみましょう。

 やってみましょう

【質問3】
日本語学習がある程度進んだ段階の学習者に、次の文を読み上げて音を聞かせ、漢字やかなを使って文を書かせてみましょう。

> 私はロシアから来たオリガです。
> きのう、友達と一緒にJRで新宿へ行きました。
> レストランで980円のえびフライ定食を食べました。
> 帰るとき、突然雨がザーザー降ってきて、
> びしょびしょになってしまいました。

　この書き方は、日本語の表記の1つの例で、ほかにもいろいろな書き方がありえます。たとえば、「きのう」は「昨日」と漢字で書くこともできますし、「私」は「わたし」とひらがなで書くこともあります。日本語を書き表すとき、漢字で書くか、ひらがなまたはカタカナで書くか、決まっている場合もありますが、どの文字を使うか厳密には決められていません。社会的な規範として認められている、言語の書き表し方を「正書法」と言いますが、日本語の正書法は、自由度が高く、あまり厳密ではありません。みなさんの学習者の母語の正書法は、厳しく決められているでしょうか。もししっかりと決められている場合は、単語や文を書き表すのに、複数の書き方が認められているという日本語の特徴に驚くかもしれません。日本語学習が進んで、いろいろな文字に接するようになった段階で、学習者に、日本語の文字の使い分けの習慣について考えさせてみるとよいでしょう。

 考えましょう

【質問4】
ひらがな、カタカナ、漢字、ローマ字は、どのように使われていますか。どのような場合にどの文字を使うか、【質問3】の文章を例に考えてみましょう。

漢字は、実質的な意味を持つ部分、ひらがなは文法的な働きを担う部分、カタカナは外来語、擬声語、専門用語などを表すときに使います。自由度の高い日本語の正書法ですが、漢字で書くかひらがなまたはカタカナで書くかは、目安となるルールがあります。その目安は国が決めて発表していますが、制限的なルールではなく、許容範囲が広いものとなっています。原則のほかに例外的なルールもたくさんあるので、学習者には、目的に応じて必要な情報をポイントをしぼって、伝えたほうがいいでしょう。日本語の表記の仕方についてのくわしい情報は、文化庁のホームページ「内閣告示・内閣訓令」(https://www.bunka.go.jp/kokugo_nihongo/sisaku/joho/joho/kijun/naikaku/index.html) に、「現代仮名遣い」「外来語の表記」などの項目がありますので参考にしてください。そのほかにも、次のような参考書でも確認することができます。

『新しい国語表記ハンドブック』三省堂編修所
『日本語表記ルールブック』日本エディタースクール

【質問5】
ひらがなの表記には、例外的なルールとして古い仮名遣いの影響が残っているものがあります。具体的にはどのような表記でしょうか。

例外的なルールには、発音は同じでも表記の仕方が異なるものや、音と表記が一致していないものなどがあります。次の①〜④です。

＜発音が同じで、表記の仕方が異なるもの＞
①「へ」「は」「を」：
　　助詞「へ」「は」「を」の発音は、「え」「わ」「お」と同じ。
②「じ」と「ぢ」、「ず」と「づ」：
　　発音上の区別はないが、ことばによって表記の仕方が違う。「じ」「ず」で表すのが基本で、「じしん（地震）」「一人ずつ」などのようになるが、次のような場合は「ぢ」「づ」となる。
　　・同じ音の濁音がくるとき・・・「つづける（続ける）」「ちぢむ（縮む）」
　　・２つの語が１つになってできた語・・・「はなぢ（鼻血）」「てづくり（手作り）」

＜音と表記が一致しないもの＞
③え段の長音：
　　「映画」「丁寧」など「−ei」となる漢語の発音は、[eːga] [teːneː] と「え」の長

音になるが、「えいが」「ていねい」のように、「い」と表記される。ただし、「お姉さん」は、「おねえさん」と書く。

④お段の長音：
「ぼうし（帽子）」「ひこうき（飛行機）」「おとうと（弟）」のように、「お」の長音は「う」と書く。ただし、「おおきい（大きい）」「とおり（通り）」「こおり（氷）」「とおか（十日）」など例外がある。

①〜④は、ことばによって判断されるものなので、この例外的な表記の学習には、ことばの学習の要素が入ってきます。また、コンピューターなどで日本語を入力したいとき、この知識を知っていないと、正しい漢字に変換されない場合も出てきます。たとえば、「十日」という漢字を出したいとき、「とうか」と入力しても、「投下」「透過」「等価」などの漢字しか出てきません。「とおか」と入力してはじめて「十日」に変換されます。このような情報は、手書きではなく、eメールやパソコンなどの文書作成が生活に入り込んでいる現代において、正しい漢字変換ができるようになるためにも、学習者に必要な情報の1つと考えられます。

【質問6】
カタカナの表記方法で、ひらがなと異なる点はどんな点でしょうか。

カタカナは、長音の表記に「ー」を使うことと、ひらがなでは書けない外来語の音を書けることが、ひらがなとの表記上の異なる点です。巻末の資料5「外来語の表記」にあげられているカタカナは、第1表は地名や人名を書き表すのに一般的に用いるもの、第2表は外来語や外国の地名・人名を、もとの音になるべく近く書き表そうとする場合に用いるものです。たとえば、有名な作曲家のMozartは、「モーツァルト」と表記されます。

外来語の表記は複数あるものもあります。次のような例は、どちらも使われています。

　　violin　　　「バイオリン」「ヴァイオリン」
　　computer　　「コンピューター」「コンピュータ」
　　remake　　　「リメーク」「リメイク」

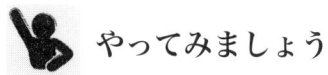 やってみましょう

【質問7】　　　　　　　　　　　　　　　　　　→＜解答・解説編へ＞

次の下線は、外国の地名や人の名前（英語表記）です。カタカナで書く場合、どのように書くでしょうか。巻末の資料5「外来語の表記」を見て、カタカナで書いてみましょう。

①私は Paraguay から来た Patricia です。Paty と呼んでください。
②フランスの Versailles には、有名な宮殿があります。
③ストックホルムは、北欧の国 Sweden の首都です。

これまで見てきたように、文字の種類が複数あるということは、それぞれの文字についての知識を知り、正しく表記できるようになる必要があるということです。こういった点でも、日本語は文字の学習が難しい言語だと言えるでしょう。しかし、ひらがな、カタカナ、漢字を交ぜて書くということによって、表記上便利に感じる点もあります。

【質問8】　　　　　　　　　　　　　　　　　　→＜解答・解説編へ＞

次の文は、日本語の文を発音どおりにカタカナだけで表記したものです。この文を、漢字かな交じり文に直してみてください。そして、漢字かな交じり文で書くことよって、どんな利点があるのか、考えてみましょう。

ニワニワニワウラニワニワニワニワトリガイル

カタカナまたはひらがなだけで書かれたものは、単語や意味の区切りがすぐにはわからず、読みにくいのですが、漢字かな交じり文にすると、読みやすくなります。みなさんの学習者の母語では、分かち書き（語と語の間などにスペースを入れて書くこと。たとえば Ilikefish と書かずに、I like fish と書く。）をしますか。日本語は、子ども向けの本や初級日本語学習者向けの本など一部のものを除いて、普通は分かち書きをしません。それは、漢字かな交じり文で書くことによって、意味がとりやすくなり、分かち書きが必要なくなるからです。「は」「が」「の」などの助詞を必ずひらがなで表記することも、単語や意味の区切りをわかりやすくしています。このように、分かち書きをしないということも、日本語の表記の特徴の1つです。

整理しましょう

　ここまで、日本語の文字の特徴について見てきました。覚える文字の量が多く、異なる種類の文字を使い分ける必要のある日本語の文字学習は、学習者にとって、負担を感じるものである可能性があります。かなの学習は、日本語学習の初期に行われることが多いため、その後の日本語学習の動機づけにも大きく影響を与えます。文字のせいで日本語の学習がいやになって、日本語学習をやめてしまう場合もあります。一方、学習者の中には、ほかの言語の文字とは異なる日本語の文字に関心を持ち、日本語学習への動機が高まる人もいます。いずれの場合も、学習者が文字を習得するには、学習者自身が努力して文字を覚える作業に取り組むことが必要です。しかし、文字の種類や数が多く、長期間継続して取り組む必要のある日本語の文字学習を、学習者の地道な努力に任せるだけでよいのでしょうか。学習者が文字学習に魅力やおもしろさを感じながら自律的に取り組めるように、文字の指導を工夫することが、教師の大切な仕事となります。

　第2章では、かな（ひらがな、カタカナ）の教え方、第3章、第4章では、漢字の教え方について、具体的な例を見ながら、どのような工夫をすればよいか考えていきます。

MEMO

かな(ひらがな・カタカナ)の教え方

　文字の種類が複数ある日本語では、どのようなタイミング、順番でどの文字を教えたらよいでしょうか。

 ふり返りましょう

【質問9】
みなさんは、日本語の学習を始めた学習者に、いつ、かな（ひらがな、カタカナ）を教えますか。次の①〜③のどれに近いですか。
①最初にかなを集中的に全部教えてから、文型などのことばの学習に入る。
②最初はかなを教えないで、ローマ字を使って教え、学習が進んでからかなを教える。
③ローマ字を使って教えながら、かなも並行して少しずつ教える。

　日本語学習の目的や、日本語コースの考え方などによって、かなの指導の時期はさまざまです。みなさんがその方法をとっているのは、なぜでしょうか。

 考えましょう

【質問10】
【質問9】の方法①〜③の長所と短所は何ですか。

　①は、学習者がかなを先に学ぶため、日本語で書かれた教科書や教材をすぐに使用できます。その反面、日本語学習の初期のある一定期間、かなの学習だけを行うため、学習者があきたり、学習意欲が下がってしまう可能性があります。②は、文字の学習に時間をとられずに日本語の学習が進められるという長所がありますが、教師がかなを使わずに、ローマ字を使って教えなければならないので、教科書や教材が限られます。また、学習者の中にはローマ字を知らない人がいたり、発音がローマ字の影響を受けてしまったりする短所もあります。③は、①と②の長所を生かす方法になりますが、かなの学習進度と日本語の学習進度の両方を考えて授業を組み

立てなければなりません。

 ふり返りましょう

【質問11】
日本語の文字を教えるとき、ひらがなとカタカナのどちらを先に教えますか。それはなぜですか。

　日本語を読んだり書いたりするときに、カタカナは特定の語彙に限られて使われていて、ひらがなのほうがよく使われていることから、ひらがなの学習を先にする場合も多いでしょう。一方、カタカナを先に導入する場合は、自分の名前や国名がすぐに書けるようになるので、学習者に達成感を与えやすくなります。字形の特徴から見ても、カタカナはひらがなよりも形が単純で、直線的なので、覚えやすいと感じる学習者もいます。
　どちらが先でも、一度に大量に多くの文字を導入すると、学習者にとって大きな負担となり、学習意欲にも影響を与えてしまいます。50字近くの文字を覚えたと思ったら、また似たような文字を、同じ量、覚えなければならないので、ひらがなもカタカナもまったく同じ方法で教えたのでは、学習者があきてしまい、意欲的に取り組めなくなってしまう傾向があります。ひらがなとカタカナを続けて導入する場合は、重点の置き方や指導方法に変化を持たせるとよいでしょう(*1)。
　このように、文字の種類と数の多さから、長期間継続的に学習しなければならない日本語の文字学習は、学習者の動機づけに対する工夫がとても重要になってきます。

 考えましょう

【質問12】
動機づけという観点から、文字学習に工夫を加えるとしたら、具体的にどんなことが考えられますか。

　John.M,Keller（アメリカの教育工学者）は、学習意欲を高める手立てを、「注意(Attention)」「関連性(Relevance)」「自信(Confidence)」「満足感(Satisfaction)」の4つの側面に分けて考える「ARCSモデル」を提唱しています。このモデルにそって、

学習者が「おもしろそうだな」「やりがいがありそうだな」「やればできそうだな」「やってよかったな」という気持ちになるように、文字指導について考えると、次のような工夫が考えられます。
・学習者の特性やニーズ、関心に合わせて、文字指導の方法や教材を選ぶ。
・学習者にとって日本語の文字が、身近なものと実感できるように工夫する。
・学習者が文字を覚えていくプロセスに楽しさを感じることができるようにする。
・長く継続的に行う文字学習に、あきずに取り組めるように、練習の方法にバリエーションを持たせる。
・文字学習の到達目標を学習者に明示的に示し、自分がどの段階にいるのかわかるようにする。
・文字学習の当面の目標を、学習者が自分もがんばればできると思える範囲に設定する。
・学習者が「読めた」「書けた」「覚えられた」「できた」と、達成感を感じることができるようにする。
・学習者が文字を読めてよかった、書けるようになってよかったと満足感を味わえるような活動をする。

このように、学習者の動機づけを高める工夫を行いながら、学習者が教室の内外で自律的に文字学習に取り組んでいけるように支援するのが、「文字を教える」ときの教師の仕事となります。

では、このことをふまえながら、具体的な教え方について考えていきましょう。ひらがな、カタカナの学習目標は、1つ1つの文字が読めて書けるようになることですが、教える観点からは次の2つに目標を分けて考えるとよいでしょう。
　①かなの字形を見て、音がわかること（読み）
　②音を聞いて、かなが書けること（書き）
「読み」と「書き」をいっしょに教えることも多いと思いますが、ここでは①と②の目標にそって、「読み」の教え方と「書き」の教え方について分けて整理し、それぞれの「導入」と「練習」について考えてみます。

2-1. かなの「読み」の教え方

(1) 導入の方法

学習者がひらがな、カタカナを読めるようになるには、次の3点ができるようになる必要があります。
　①日本語の音が区別できる
　②日本語の音と字形を、ある程度の速さで対応させることができる
　③異なる文字の区別ができる

　文字の学習は、日本語の音声の学習といっしょに行われることが多いでしょう。文字に対応する日本語の音を学習者に聞かせるときには、学習者の母語にない音、似ているけれど違う音など、学習者の母語によっても注意すべき点が違ってきます。音声指導に関しては、本シリーズ第2巻「音声を教える」を参照してください。

 ふり返りましょう

【質問13】
ひらがなやカタカナの「読み」をどのように導入していますか。使っている教材や方法などを具体的にあげてみましょう。かなを教えたことがない人は、学習者としてかなを習ったときのことを思い出したり、市販の教材などを調べてみてください。

　ひらがな、カタカナの「読み」を導入するときは、日本語の音を聞かせながら字形を学習者に見せることになります。そのときによく使われるものは、「五十音表」「文字カード」「連想法（アソシエーション法）のカード」などです。

五十音表

　五十音表は、ひらがなやカタカナの一覧表です。表の文字の順番にそってかなの音を聞かせながら、文字を見せ、字形と音を一致させていきます。日本人になじみの深い五十音表は、次の表のように「あいうえお」が右から縦に並んでいる表ですが、日本語教育用の教材では、巻末の資料4「ひらがな表」のように、左から横に並んでいるものが多いようです。

	w	r	y	m	h	n	t	s	k	
ん	わ	ら	や	ま	は	な	た	さ	か	あ	a
	い	り	い	み	ひ	に	ち	し	き	い	i
	う	る	ゆ	む	ふ	ぬ	つ	す	く	う	u
	え	れ	え	め	へ	ね	て	せ	け	え	e
	を	ろ	よ	も	ほ	の	と	そ	こ	お	o

　また、資料4「ひらがな表」のように、拗音や濁音を含んだ表もあり、五十音表を見せれば、日本語のかなの学習範囲が一目でわかります。また、音の配列の順番を覚え、その順番をヒントに、字形と音を一致させていくこともできます。さらに、五十音表を使った教え方では、五十音の並び順を覚えることも重要な要素になります。「あいうえお、かきくけこ、・・・」の順番、「あかさたなはまやらわ」の順番を覚えることは、日本語の辞書を引くときにも役に立ちます。

　この五十音の順番を覚えるために、歌を使う方法もあります。たとえば、次の図3のような歌を使うと、学習者がよく知っているメロディーにのせて、「あいうえお、かきくけこ、・・・」の音と順番を記憶する助けとなるでしょう。

国際交流基金
『日本語教育通信』46号より

図3:「あいうえおはよう」

　歌の活動は、学習者の年齢や性格によって、好まれない場合もありますし、歌の好みの違いもありますので、学習者の様子を見ながら、学習者が無理なく楽しめるものを選ぶことが大切です。1つ1つの文字の音と字形を導入するという活動は、単調になりがちな面がありますが、歌を使った導入は、目先の変わった新鮮な活動となり、教室に活気が生まれることもあるでしょう。

世界のさまざまな日本語教育の現場では、クラシック、ロック、ラップ、民族音楽を利用したり、独自の曲を作ったりするなど、学習者になじみのある音楽にのせて、「あいうえお」を練習する試みがいろいろあります。みなさんの学習者は、どのタイプが好きか考えてみましょう。

文字カード

ひらがな、カタカナの導入で、1枚に1文字ずつかなが書いてある文字カードを使う方法もあります。教師が学習者にカードを使って字形を見せながら、音を聞かせます。図4のaのように、裏が音を示すヒントになるローマ字になっていたり、bやcのように、書き順や書き方の注意を示してあったり、大きさなどもさまざまなものがあります。市販されている文字カードもありますが、教師が工夫して授業の目的に合わせた文字カードを作ることもできます。字形を見て、音がわかるようになることが第一の目的ですが、教室の大きさや「書き」の学習に発展させるかどうかによって、どのようなカードを使えばよいか、判断していきましょう。

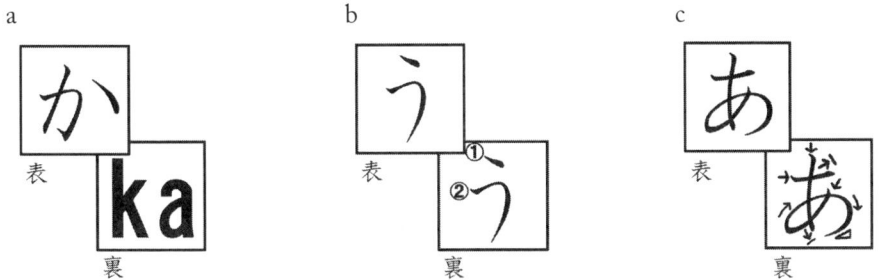

図4：さまざまな文字カード

連想法（アソシエーション法）

連想法は、ひらがな、カタカナの文字を、音、字形、絵のイメージなどによる連想の手法を利用して、短時間で覚えられるように工夫した記憶術です。学習者の母語のことばで、語頭にその文字に近い発音を持つものを、絵で学習者に提示します。その絵は、次の例のように、日本語の文字を重ねてかいてあり、絵から音と字形を連想させることによって、印象深く覚えることができ、学習者の記憶を助けると言われています。

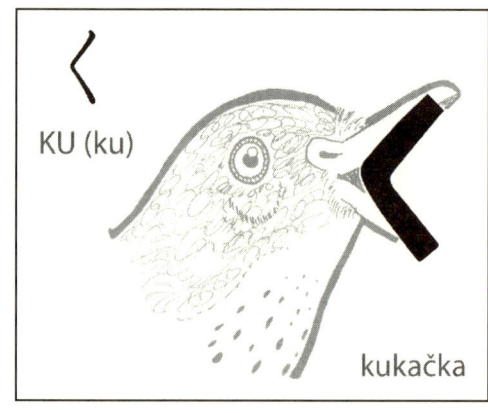

『Obrázková HIRAGANA-Zábavná učebnice japonského slabičného písma』
（チェコ＝日本友好協会）p.15 より

図５：チェコ語の連想法による「く」

　図５の例では、チェコ語が母語の学習者に「く」という文字を導入する際に、日本語の「く」の音に近い音を語頭に持つ「kukačka」（クカチカ、意味は「カッコウ」）という単語を絵で示しながら、日本語の「く」の音を聞かせます。学習者の頭の中には、母語の単語「kukačka」の語頭の音と、カッコウの絵のくちばし部分の形「く」が残っています。こうして学習者は音と字形を結びつけて覚えていきます。
　日本語学習の初期に文字を導入する場合、まだ学習者は日本語の単語をほとんど知りません。導入する文字が語頭にくる日本語の単語、たとえば、「あひる」の「あ」、「いぬ」の「い」と、日本語の単語を提示して文字を導入する方法は、音と文字を教えるのと同時に、単語の意味も教えていることになり、学習者にとって一度に覚えるものが増え、負担になります。教えるものを音と字形の一致にしぼって考え、学習者の母語を使った連想を利用するというのが、連想法の重要なポイントです。連想法を使ったかなの教材は、英語、韓国語、タイ語、そのほかに、インドネシア語、ポルトガル語、ドイツ語、アラビア語など、いろいろな言語で作られています（図６）。みなさんが教えている学習者の言語には、連想法による、かなの導入の教材がありますか。もしなければ、学習者といっしょに作ってみるのも楽しい活動となるでしょう。

英語	韓国語	タイ語

（ワライカワセミ）	（曲がった道）	（掘る）

英語：『HIRAGANA in 48 Minutes』（Curriculum Corporation）（オーストラリア）より
韓国語：『中学校 生活日本語』（大韓教科書）より
タイ語：『絵と音で楽しくおぼえよう ひらがなカード』（The Japan Foundation, Bangkok）より

図6：さまざまな言語での連想法による「く」

(2)「読み」の練習

かなの「読み」を導入しても、学習者がすぐに確実に覚えられるわけではありません。文字の「読み」が定着するまで、たくさんの練習を重ねる必要があります。

 ふり返りましょう

【質問14】

みなさんは、かなの「読み」の練習をどのように行っていますか。また、練習するとき、どのような点に注意していますか。

かなの「読み」の練習を、導入と同じ方法でくり返したのでは、学習者があきてしまう恐れがあり、覚える意欲も下がってしまいます。学習者に文字の読みを定着させるには、練習方法にバリエーションを持たせて、目的に合った活動をすることが重要です。文字の「読み」の練習は、音と字形をある程度の速さで対応させることができるようになることと、異なる文字の区別ができるようになることが目的になります。そこで、この目的にそったいろいろな活動を見ていきましょう。

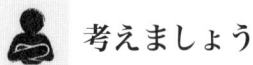 考えましょう

【質問15】

かなの「読み」の練習をするとき、字形を1枚ずつ示せる文字カードを使う方法と、五十音表を使って練習する方法があります。目的や効果に違いはありますか。

　五十音表を使った場合、学習者は、ある文字の字形を確実に覚えていなくとも、「あいう…」の順番を覚えていれば、上下や左右の文字を見て、その文字の読み方がわかってしまいます。しかし1枚の文字カードの場合は、五十音表とは異なる順番で見せることができるので、字形を見て音がわかるかどうか、その文字を本当に覚えているかどうかを確かめることができます。学習者の様子や授業の目的に合わせて、五十音表と文字カードを使い分けるといいでしょう。

【質問16】

次の活動をやってみてください。この練習の目的は何ですか。

線結び

「あいうえお…」の順番に線で結んでみましょう。

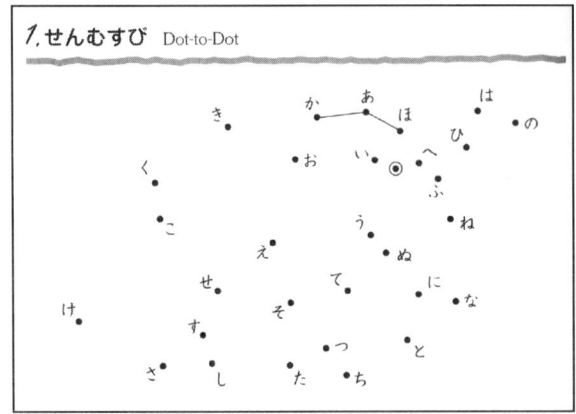

『JAPANESE FOR YOUNG PEOPLE Ⅰ Kana Workbook』
(講談社インターナショナル) p.18 より

※ 解答は解答・解説編を参照

　五十音の順番がわかり、その順番の音に合っている字形が読めるかどうかがこの練習の目的です。もしまだ五十音の順番を確実に覚えていない場合は、五十音表を見ながら進めてもよいでしょう。完成したときに、絵が出てくるというしかけがあると、学習者が活動を楽しめる要素が増えます。

カードを使ったゲーム

音と字形を対応させる練習には、「音を聞いて、その音と一致するかなを選ぶ」「文字を見て、発音する」という方法があります。

【質問17】
「あ」から「ん」の46枚のかなのカードを、右の図のように文字の面を上にしてバラバラに並べます。字形と音を一致させる「読み」の練習として、どのような活動ができますか。

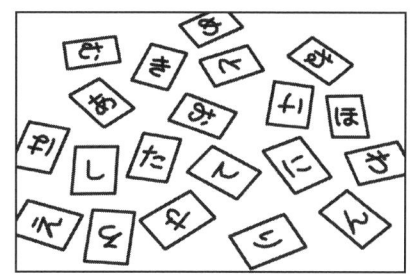

「かるたとり」の要領で、教師が1つのかなの音を発音し、学習者は、その音に合った文字のカードを取ります。1つの音（たとえば「か」）を言って、1枚の文字カードを取るという方法もありますが、2つ以上の文字を言って（たとえば「か」「さ」）、その音の文字カードを学習者が選んだ後、その意味を絵などで教師が示し、単語の学習をする活動につなげることもできます。

【質問18】
そのほかに、「読み」の練習として、かなの文字カードを使ってどのような活動ができますか。

46字のかなの中から、10～20字を選び、その文字のカードを2枚ずつ準備します。字が見えないように文字の面を下にして、机の上に1枚1枚バラバラに並べます。学習者は、カードを1枚めくって、その文字の発音をし、次にまた別のカードを1枚めくって、その文字を発音します。もし、同じ文字が出た場合は、そのカードをもらうことができます。違う文字だった場合は、裏にしてもとの場所に戻します。トランプの「神経衰弱（メモリー）」のやり方で、同じ文字のカードをたくさん取った人が勝ちになります。

文字の音と字形を一致させる練習の方法にバリエーションを持たせ、学習者が楽しく感じられるいろいろな要素を入れるには、単語の学習に発展させる以外にも、いろいろな工夫をすることができます。たとえば次のような活動です。

絵がヒントになる五十音パズル

1枚に1つのかなが書かれた紙を、台紙のローマ字の上に置いていき、かなの字形と音を一致させられるかどうかを確かめる練習ですが、そこに、絵や写真が現れるというしかけを入れた練習です。この教材は次のように準備します。

① 右のような、台紙となるローマ字の表を作ります。
空欄の★には、「ど」「ペ」などの濁音、半濁音、「ちゃ」「きょ」などの拗音を入れてもよいでしょう。

a	i	u	e	o
ka	ki	ku	ke	ko
sa	shi	su	se	so
ta	chi	tsu	te	to
na	ni	nu	ne	no
ha	hi	fu	he	ho
ma	mi	mu	me	mo
ya	★	yu	★	yo
ra	ri	ru	re	ro
wa	o	n	★	★

② 使い終わったカレンダーや、雑誌の写真のページなどの中から、学習者にとって興味を引く絵や写真を探し、①の台紙と同じサイズに切ります。

③ ②の写真や絵の上に、①と同じ大きさで、今度はかなの表を書きます。

④ ③を表の罫線にそって切り離し、1枚1枚にかなが書いてある紙を作ります。

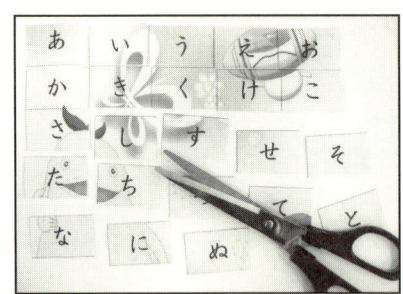

⑤ ④のかなの紙をよく混ぜて、封筒などに入れ、学習者に渡します。学習者は、それを、台紙のローマ字の表の上にマッチングさせて置いていきます。

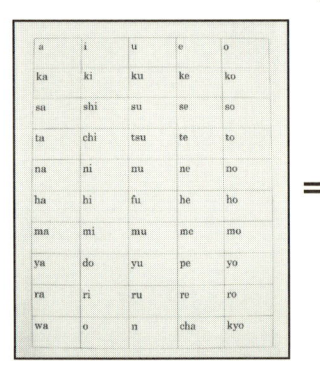 ⇒ 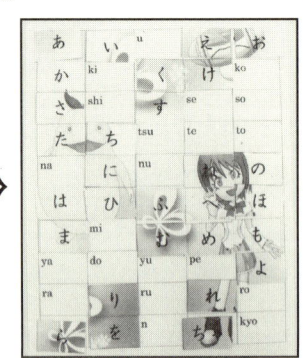 ⇒

図7：五十音パズル（台紙の上にかなの紙を置いて絵を完成させる）

1人でやることも可能ですが、5〜6人のグループでやって、競争の要素を加えると、より楽しく盛り上がります。活動のはじめのうちは、マッチングの作業に集中している学習者も、文字カードを置きながら、イラストや写真が完成していくことに気づくと、思わず笑顔になります。また、かなをはっきり覚えていなくても、イラストや写真が完成するようにかなの紙を置いていけばいいので、イラストや写真が活動のヒントとなります。グループごとに違う、きれいで魅力的な絵や写真を使って、終わった後、ほかのグループのものを見て回るのもおもしろいでしょう。

ローマ字とかなのチャートを利用したゲーム

次のようなローマ字表と、ひらがな表、またはカタカナ表を用意します。文字がバラバラに並んでいますが、ローマ字表とかなの表のそれぞれの文字は同じ位置にあり、同じ番号になっています。

ローマ字表（Romaji Chart）

1.i	2.chi	3.e	4.ko	5.a	6.mu	7.zo	8.wo	9.pa	10.pe
11.de	12.ni	13.ka	14.ro	15.no	16.fu	17.te	18.mi	19.se	20.za
21.u	22.ga	23.ze	24.yu	25.re	26.ke	27.be	28.me	29.o	30.ba
31.ta	32.po	33.ge	34.pu	35.ji	36.sa	37.ma	38.gu	39.ri	40.ku
41.ha	42.zu	43.pi	44.bu	45.tsu	46.n	47.ki	48.hi	49.da	50.ne
51.bo	52.ya	53.shi	54.to	55.go	56.na	57.yo	58.gi	59.he	60.mo
61.ra	62.hi	63.ho	64.do	65.su	66.go	67.nu	68.so	69.wa	70.ru

ひらがな表（Hiragana Chart）

1.い	2.ち	3.え	4.こ	5.あ	6.む	7.ぞ	8.を	9.ぱ	10.ぺ
11.で	12.に	13.か	14.ろ	15.の	16.ふ	17.て	18.み	19.せ	20.ざ
21.う	22.が	23.ぜ	24.ゆ	25.れ	26.け	27.べ	28.め	29.お	30.ば
31.た	32.ぽ	33.げ	34.ぷ	35.じ	36.さ	37.ま	38.ぐ	39.り	40.く
41.は	42.ず	43.ぴ	44.ぶ	45.つ	46.ん	47.き	48.ひ	49.だ	50.ね
51.ぽ	52.や	53.し	54.と	55.ご	56.な	57.よ	58.ぎ	59.へ	60.も
61.ら	62.ひ	63.ほ	64.ど	65.す	66.ご	67.ぬ	68.そ	69.わ	70.る

国際交流基金シドニー日本文化センター「CLASSROOM RESOURCES」より (*2)

片面にローマ字表を、もう一方にかなの表を貼った厚紙を、右図のように、学習者とその相手をする人の間に立てて置きます。学習者の相手をする人がローマ字表を見て、「15番は何ですか？」と質問します。この質問は、母語を使ってもかまいません。学習者はひらがなの15

番を探し、「の」を見て、その文字の音を発音します。相手の人はローマ字を見て、音が正しいかどうか確認します。そして、「3番は？」「え」、「19番は？」「せ」などとやりとりを続けていきます。

この活動は、学習者同士のペアで行うこともできますし、日本語がわからない人が練習相手を務めることもできます。つまり、子どもだけが日本語学習をしているような家庭で、家族が練習相手となって、自宅で練習できるようになっています。学習者の母語によっては、ローマ字ではなく、母語の文字で音を書き表してもいいでしょう。

　かなの「読み」の練習は、異なる文字の区別ができるようになることも大きな目標です。そのためには、字形を細部まで確実に覚える必要があります。似ている文字を区別できるようになるには、字形が似ている文字はどの文字か、その文字同士の違いはどんな点かなどに、学習者が注目するプロセスを与えることが大切です。

【質問19】　　　　　　　　　　　　　　→＜解答・解説編へ＞
字形が類似している文字には、どのようなものがあるでしょうか。ひらがな同士、カタカナ同士、ひらがなとカタカナで考えてみましょう。

　解答にあげたものは、類似している字形の例です。学習者にとって、似ているように見える文字を取り上げて、どこが違うか比べてみる活動を通して、字形の細部にも注意がいくようにしましょう。学習者に、似ている文字のカードを選ばせ、違いを説明させてもよいでしょう。

文字あてカード

【質問20】
図8のカードは、いちばん下の紙に文字を書き、その上に、紙の一部を切り抜いた紙を2～3枚重ねたものです。図のように、上の紙を1枚ずつめくると、だんだん見える部分が大きくなり、文字全体が見えてくるようになっていきます。このカードを使うと、どのような練習の効果がありますか。

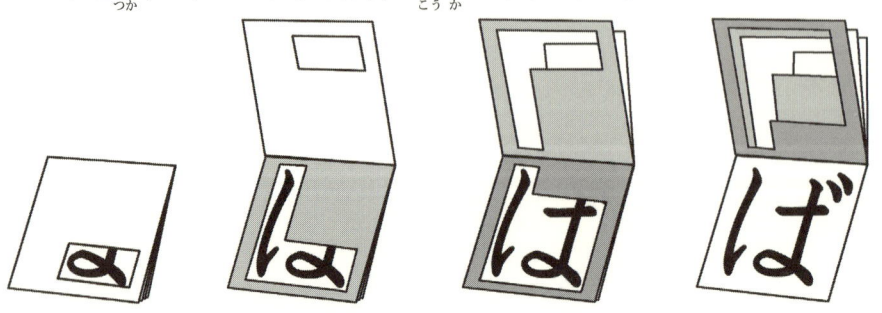

図8：文字あてカード

この練習は、部分に注目して、文字の特徴を覚える練習です。文字の一部に注目することは、その文字の特徴をとらえ直したり、その部分を持っている別のかなを思い浮かべたりすることにつながり、文字の形を正確に覚える練習になります。はじめの1枚目では、「は」「ば」「ぱ」「ほ」「ぼ」「ぽ」「な」「ね」「ま」「よ」などの可能性がありますが、2枚目に「は」「ば」「ぱ」「ほ」「ぼ」「ぽ」にしぼられ、最後に、「ば」ということがわかります。このような活動は、文字の形について説明を聞くのではなく、文字の特徴に学習者が自分で気づいて発見することにつながります。自分で発見したことは記憶にとどまりやすく、予想するといったクイズ形式の要素も加わるため、楽しみながら学習することができます。

2-2. かなの「書き」の教え方

　「書く」という作業は、学習者の母語の文字の書き方が強く影響を与える作業です。したがって、学習者の母語の文字がどのような文字で、どのように書くのかという点を確認した上で、かなの「書き」の導入をするとよいでしょう。

 考えましょう

【質問21】
かなを書くときの一画一画は、基本的に、左から右、上から下へと書きます。みなさんの学習者が、自分の母語の文字を書くときの方向と同じですか。また、文字の形は日本語のかなと似ているところがありますか。

　学習者の国の文字と日本語の文字で、字を書くときの動きが異なると、バランスのいい字を書くことが難しくなります。また、形の特徴として、ひらがなは曲線的、カタカナは直線的です。学習者が、日本語らしい字がうまく書けない場合、線の書き方が直線か曲線か、どちらの方向に書くかなど、線を書くときの手の動かし方に原因があることもあります。そのような場合は、字を書く前に、手の動かし方の練習をしてみましょう。

　いきなり文字を書く練習をするのではなく、巻末の資料6のようなシートを使って、まず線を書く練習をしてから字を書く練習に入るという方法があります。

(1) 導入の方法

かなの「書き」では、学習者が音を聞いて、その音を表す文字が書けるようになること、そしてできれば、形のきれいな文字が書けるようになることが、目標となります。そのために、導入ではまず、かなの字形の特徴をつかみ、正しい字形を書くポイントを伝えます。

 考えましょう

【質問22】
かなの特徴をつかみ、正しくきれいに書くためのポイントは、何でしょうか。

字形を正しくとらえるためには、「とめ」「はね」「はらい」などをしっかり指導し、書くときの書き順を守るように指導することが重要です。日本では、きれいに文字を書けることが重要視されます。字形をきれいに整えるためには、書き順を守ることが大切で、書き順通りに書けば、手の動きが自然なので、整ったきれいな字を書きやすくなります。また、書き順がわかるということは、何画で書くかがわかるということにつながります。これは、漢字の学習のときに辞書を引くために必要な知識なので、文字の学習をするときは、書き順を守るメリットを学習者に伝えるとよいでしょう。

日本語の文字の「書き」を、学習者にはじめて伝えるときにはいろいろな方法がありますが、ここでは、「指を使う方法」「体全体を使う方法」「筆などを使う方法」の3つを紹介します。いずれの場合も、学習者が、かなの字形について、全体的な特徴をとらえられるようにすることがポイントです。

指を使う方法（空書）

字の形と書き順をしっかり頭に入れてから一気に書くようにすると、書き方を早く、正しく覚えることができます。そのためには、ペンなどを使って紙に書く練習をする前に、指で空中や机に書く練習（**空書**）を十分にさせるとよいでしょう。

空書は、1人で行う練習ですが、2人でペアを作って相手の背中に書く練習もあります。

やってみましょう

【質問23】
ペアになって、1人が相手(あいて)の背中(せなか)にかなを書き、書かれた人はその文字を当てる「背文字当(せもじあ)てゲーム」をやってみましょう。

思(おも)ったより難(むずか)しかったですか。書き順(じゅん)が違(ちが)うとわからなくなるので、書き順を覚(おぼ)えたかお互(たが)いに確(たし)かめることができます。なお、書く前に、書く文字が、ひらがななのか、カタカナなのかを相手(あいて)に知らせると、簡単(かんたん)になります。

体全体(ぜんたい)を使(つか)う方法(ほうほう)

指(ゆび)だけではなく、体全体(ぜんたい)を使(つか)って文字の特徴(とくちょう)を覚(おぼ)えるという活動(かつどう)もあります。おしりで空中に文字を書いてみんなに見せ、何の文字かを当てる「しり文字ゲーム」もその1つです。グループ活動(かつどう)として行うこともできます。ただし、「背文字当(せもじあ)てゲーム」や「しり文字ゲーム」は、学習者によってはやりたがらない場合もあるかもしれないので、学習者が楽しめるかどうかをよく考えてから、取(と)り入れてみましょう。

また、体全体(ぜんたい)を使(つか)って、体操(たいそう)のように活動(かつどう)することもできます。日本の子ども用に作られた文字に親しむための体操(たいそう)のビデオを見たり、学習者の年齢(ねんれい)や好(この)みによっては、実際(じっさい)に体操(たいそう)をいっしょにやってみたりすることで、文字の特徴(とくちょう)を学ぶことができます(*3)。

「太極拳(たいきょくけん)」や「空手(からて)」などの武術(ぶじゅつ)の動(うご)きを使(つか)って文字のイメージをつかむという活動(かつどう)もあります。「太極拳(たいきょくけん)」は中国で、「空手(からて)」は沖縄(おきなわ)で発生(はっせい)した武術(ぶじゅつ)の一種(しゅ)です。「ひらがな太極拳(たいきょくけん)」という活動(かつどう)は、太極拳(たいきょくけん)をやっているかのような、やわらかい動(うご)きにのせて、体全体(ぜんたい)でひらがなを書き、ひらがなの曲線的(きょくせんてき)な丸い形を印象(いんしょう)づけることができる活動(かつどう)です。それに対して、「カタカナ空手(からて)」は、空手(からて)の直線的(ちょくせんてき)な速(はや)い動(うご)きで、カタカナの角(かく)ばった形を印象(いんしょう)づける活動(かつどう)です。

このような体を使(つか)った活動(かつどう)を通して、書き順(じゅん)に気をつけるとともに、日本語の文字は「左から右」「上から下」に書くということが実感(じっかん)できます。

ひらがな太極拳(たいきょくけん)　　　カタカナ空手(からて)

筆(ふで)などを使(つか)う方法(ほうほう)

　筆を使って書道のように行う「書き」の導入は、学習者の興味を引く活動です。筆を使うと、「とめ」「はね」「はらい」などの力の入れ方や、力の抜き方、文字の書き順に注目しやすくなります。

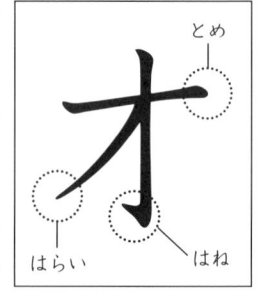

　書道で使う墨を用意するのが大変な場合は、墨の代わりに水を使って書道の練習ができる商品もあります。水を含ませた筆で専用の紙に書くと、文字が浮き出てきますが、時間がたつと文字は消えるので、何度でもくり返し使えます(*4)。

　学習者が、印刷物の活字に慣れていると、活字のように書く場合があります。文字によっては、活字と手書きの文字で字形が異なる場合がありますので、注意が必要です。筆で丁寧に書くことによって、手書きの書き方が意識でき、ゴシック体や明朝体の活字を見慣れている人に、注意を促すチャンスになります。なお、パソコンで教材を作る場合は、手書きに近い「教科書体」のフォントを使うとよいでしょう。学習者が文字を覚えていく過程で、正しい文字をモデルにできるよう、教師は見守る必要があります。

　　例)　ゴシック体　　：　**り**　**き**　**ふ**
　　　　明朝体　　　　：　り　き　ふ
　　　　教科書体　　　：　り　き　ふ
　　　　手書き　　　　：　り　き　ふ

考えましょう

【質問 24】
学習者がかなを書くとき、正しく字が書けない場合があります。どのような原因が考えられますか。

　文字の字形と音が一致して読めるようになっても、自分で書くとなると、なかなか正確に書けるようにはなりません。正しい字形を覚えて書けるようになるためには、さらに字形の細かい部分にまで注意を払う必要があります。そのためには、正しい字形をなぞる練習をくり返し行うだけでなく、まちがった字を提示し、どこがまちがっているかを学習者に発見させたり、学習者が書いた文字を教師が直したり、学習者が書いたものと見本の字形とを比べて、違いを見つけさせたりする活動を取り入れましょう。

　【質問 19】で見たように、似ている字形を区別して書けるようになることも、正しい字を書くためのポイントです。「い」と「こ」、「ツ」と「シ」など、いつまでもまちがって書き続ける場合もありますので、学習者が自分で違いに気づく指導を心がけましょう。

 やってみましょう

【質問 25】　　　　　　　　　　　　　　　　　→＜解答・解説編へ＞
ひらがなで字形の似ているものをどんどん書いて、それをつないでいくという「ひらがなツリー」を作ってみましょう。

① 「ほ」とよく似ているひらがなには何がありますか。図9の「ほ」の右にある1に書いてください。
② 1に似ているひらがなには何がありますか。2と3に書いてください。
③ 2と似ているもの、3と似ているものがあったら、書いてみてください。
　同じひらがなを2度使ってもかまいませんし、似ているものがなければそこで終わってもかまいません。
④ 同様にカタカナも、「ア」を例にやってみましょう。

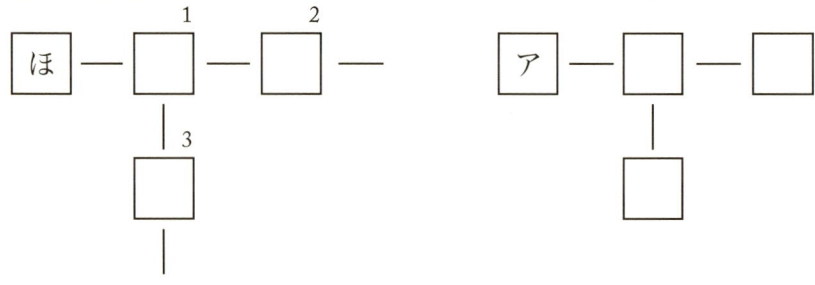

『教えるためのことばの整理 Vol.1』((財)京都日本語教育センター) pp.6-7 を利用して作成

図9：ひらがなツリー、カタカナツリー

　この練習は、学習者が自分で似ている文字を探し、ツリーになるように書いていくもので、正解は1つではありません。似ている要素があり、つながっていればツリーとなります。学習者が自分のオリジナル作品を作り、完成したものを学習者同士で比べることもできます。活動を楽しみながら、かなの違いに注意して字形を覚える練習となります。

(2)「書き」の練習

　「書き」の練習の目標は、日本語の文字の「書き」の特徴をつかんで、正しい字が書けること、そして、きれいな字が書けるようになることです。きれいな字を書くには、どのような練習をすればよいのでしょうか。きれいではない字をヒントに、きれいな文字の要素を整理してみましょう。

きれいではない字の例

た　い　ま　か　の

　学習者は、母語の文字の形や、母語の文字を書くときのくせから、特徴的な字を書いてしまう場合もあります。字形は、導入の段階で、きちんと正しく書く練習をしておかないと、悪いくせがついてしまい、後で直すのが困難になってしまうこともあります。正しい字が書けるように、いろいろな練習をすることが大切です。正しくきれいな字を書くためには、次の点がポイントとなります。

・適度な空間がある
・線の長さ、角度が適切である
・バランスがとれている

　書きの導入と練習をするときには、これらの点に学習者の注意が向くような工夫

をするとよいでしょう。市販の文字教材の中には、文字の形や書き順に注意を向けられるように、さまざまな工夫をしているものがあります。

考えましょう

【質問 26】
次の練習シート A～C は、どのような特徴がありますか。

シート A

シート B

シート C

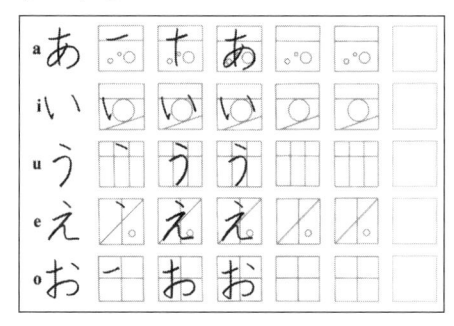

A:『日本語かな入門』(凡人社) p.5 より

B:『JAPANESE FOR YOUNG PEOPLE Ⅰ
　Kana Workbook』
　(講談社インターナショナル) p.5 より

C:『JAPANESE FOR BUSY PEOPLE Kana Workbook』
　(講談社インターナショナル) p.17 より

　どのシートも、書き順に注意を向け、見本を見て同じように何度も書くといった工夫がしてあります。シート A、B は、文字が薄い色で書いてあり、線の上をなぞって書く、「なぞり書き」ができるようになっています。また、シート B、C には、文字をバランスよく書くための補助線があります。シート B では、書き始めの位置を点であらわし、シート C では、文字の間に丸などを入れて空間を示して、整った形で書けるような工夫がしてあります。

2-3. 文字の学習から語彙の学習へ

　かなの「読み」や「書き」の導入と練習は、1つ1つの文字の練習から、単語の意味を覚えて、知っている単語を増やす練習につなげることもできます。実際の生

活の中では、かなは一文字で使うものではなく、意味を持つ単語や文を表すために使うものです。そこで、実際には、単語の学習(語彙の学習)もしながら、文字の練習をしていく活動が多く取り入れられています。

　それでは、語彙の学習につながっている文字の練習の例を見ていきましょう。

ことばさがし

やってみましょう

【質問27】 →＜解答・解説編へ＞
表の中から、①〜⑧の単語を探して、例のように◯で囲んでください。

さ	か	な	た	い
ね	つ	は	し	ぬ
こ	へ	な	こ	く
な	や	ち	ふ	ね
へ	ひ	と	に	く

2. ことばさがし Wordsearch

ex. さかな

① はな　　② ひと　　③ いぬ
④ ふね　　⑤ へや　　⑥ にく
⑦ ねこ　　⑧ はし

『JAPANESE FOR YOUNG PEOPLE Ⅰ Kana Workbook』（講談社インターナショナル）p.18 より

　この練習は、単語のリストを見て、その単語が枠の中のどこにあるかを探すものです。リストを見せずに、教師が発音して聞かせ、学習者がその単語を探すという方法でもできるでしょう。単語の意味を知らなくてもできますが、その場合は、①〜⑧の意味を絵や母語で示したりして、語彙の学習に発展させることもできます。

町の中の文字を読んでみよう

　町の中にある看板や、ちらしやパンフレットなどの生教材も、文字の学習用教材となります。町に出て、写真を撮って、教室で使ってみましょう(*5)。ひらがなやカタカナを読む練習になります。実際に使われている文字を使うと、学習者は、「日本語が読めた」「日本語で書いてあることがわかった」という達成感を味わうことができます。

『すぐに使える「レアリア・生教材」コレクション CD-ROM ブック』
（スリーエーネットワーク）より

　このように、文字の学習は、語彙の学習と連続して行われることが多く、単語の意味を学習しながら、習ったばかりの文字を書いてみる活動をくり返し行ううちに、文字も単語も定着していきます。五十音の順番に、ただかなを書くという練習だけでは、学習者が興味を持てなくなったり、あきてしまったりする可能性もあるので、複数の活動を組み合わせて単調な活動にならないように工夫しましょう。

にほんごアート

　次に、文字をアート作品として扱い、楽しみながら文字や単語の学習をする試みを紹介します。「にほんごアート」は、カナダの内田クツロフ雪絵さんが考案した活動で、絵でひらがなの単語や漢字、擬態語などを表現する手法です。文字の特徴を生かした文字を含む絵をかいて、アート作品として表現します。

考えましょう

【質問 28】　　　　　　　　　　　　　　　→＜解答・解説編へ＞
次の図 10 の①〜③の絵の中に、どのようなひらがなが隠れているでしょうか。

① ② ③

https://nihongoart.wordpress.com より（2023 年 12 月 5 日参照）

図 10：「にほんごアート」

【質問29】
「にほんごアート」のような活動は、文字や語彙を学ぶという観点から考えて、どのような目的で行うとよいでしょうか。

　「読み」や「書き」の練習にもなりますが、絵によって連想が働くので、文字や単語を印象深く覚えることができます。一方、学習者がかくことにより、教師だけでなく、学習者も文字や単語の学習のための教材をいっしょに作ることになり、学習者に満足感を与えることができます。作品を作るプロセスはもちろん、そうして作ったものを教室に掲示したり、文字や単語のカードとして使用することによって、教室の雰囲気も楽しくなるでしょう。学習者の作品のコンテストを開いたり、展示会を開いたりすると、日本語学習の動機づけにもなります。

やってみましょう

【質問30】
「にほんごアート」をかいてみましょう。また、かいたものをみんなで見てみましょう。

整理しましょう

　ここまで、ひらがな、カタカナの導入と練習について、「読み」と「書き」に分けて考えてきました。かなの導入と練習は、日本語学習の最初に行われることが多く、いわば、「日本語の顔」とも言うべきものです。学習者が日本語に興味を持ち、学習を継続できるかどうか、かなの学習が与える影響は大きいでしょう。そしてかなの学習のめどがたったころに、漢字の学習が本格的に始まります。かなよりも、もっと数の多い漢字の学習を継続的に続けるには、自律的に文字の学習に取り組めるようになることがとても重要となってきます。最初に確認した、学習者の動機づけに配慮しながら、文字が読めるように、書けるようになるための各段階の目標をはっきり意識して、学習者が文字を覚えて使えるようになるプロセスを支援していくことが、文字指導の教師の役割です。このことを再確認した上で、漢字の学習について、考えていきましょう。

注

*1：たとえば、ひらがなの導入は字形と音声に重点を置き、カタカナは、漢字の一部をとって作られたという性質を利用して、「とめ」「はね」「はらい」など、漢字学習にもつながる点に力を入れたり、語彙学習に発展させたりすることができます。

*2：国際交流基金シドニー日本文化センター (The Japan Foundation, Sydney) のホームページから、「ローマ字表（Romaji Chart）」「ひらがな表（Hiragana Chart）」「カタカナ表（Katakana Chart）」をダウンロードすることができます。

・CLASSROOM RESOURCES

https://jpf.org.au/classroom-resources/resources/hiragana-katakana-game/（2020年11月16日参照）

・国際交流基金シドニー日本文化センター

https://www.jpf.org.au/

*3：子ども用のビデオには、「はせみつこのあいうえおあそび1　ビデオ・あいうえお体操」（太郎次郎社エディタス）などがあります。

*4：このような商品は、各種メーカーで扱われています。

例）水書きお習字練習シート（PILOT）

水でお習字（呉竹）

*5：『すぐに使える「レアリア・生教材」コレクション CD-ROM ブック』（スリーエーネットワーク）には、看板や標識など、町で撮った写真も含めて、約500点のレアリア・生教材が電子ファイルの形で収められています。

3 漢字の基礎的知識

漢字の教え方を考える前に、漢字の基礎的知識を確認しましょう。

3-1. かなと漢字の違い

第1章で確認したように、かなは表音文字で、字形と音を表しますが、漢字は表意文字（表語文字）で、字形と音と意味を表します。

「山」という漢字を使って、漢字に3つの側面（字形・音・意味）があることを確認してみましょう。

山
（字形）

サン・やま
（音）　　　　　　　　　　（意味）

「山」という漢字は、もともと中国で山の形をもとに作られたものです。漢字には「音読み」と「訓読み」の2つの読み方があります。音読みは中国から日本に「山」という漢字が伝わったときに、中国語の読み方を借りたもので、「山」の場合「サン」です。訓読みは日本でもともと使われていたことばで、「山」の場合「やま」です。つまり、「山」という漢字には、山という意味と、それを表す字形と、中国語から借りた「サン」という音読み、もともと日本で使われていた「やま」という訓読みがあります。

このように、漢字を学習するときは、字形・音・意味に注目する必要があります。

やってみましょう

【質問31】　　　　　　　　　　　　　　　　　→＜解答・解説編へ＞
「山」と同じように、「川」の字形・音・意味についても考えてみましょう。

3-2. 漢字の数

　日本語の文字は、ひらがなとカタカナだけでも100近くあり、さらに漢字が多数あります。学習者に「漢字は全部でいくつありますか」と聞かれたことがありますか。聞かれたら、どのように答えますか。『大漢和辞典』（大修館書店）には見出しとして5万字弱の漢字が載っています。みなさんはどのくらい漢字を知っているでしょうか。

考えましょう

【質問32】　　　　　　　　　　　　　　　　　　　　→＜解答・解説編へ＞

漢字のレベルについて考えながら、①～③の目安を下の表に書き加えましょう。

① 日本の小学6年生修了までに学ぶ漢字数、中学3年生までに学ぶ漢字数はどのくらいだと思いますか。

② 2009年までの日本語能力試験（旧試験）(*1) では、1～4級がそれぞれどのくらいの漢字を目安にしていたと思いますか。

③ 新聞に使われている漢字について考えてみましょう。新聞で使われている漢字の80%を理解するには、どのぐらいの漢字を知っていたらいいと思いますか。

字数	小・中学生	日本語能力試験（旧試験）	新聞
6,000			
2,000			
1,000			
500			
300			
100			

　日本の義務教育である中学校卒業、そして日本語能力試験（旧試験）の最上位級である1級では、約2,000字の漢字が学習対象となっています。1981年に常用漢字表(1,945字)が制定され、社会で使う漢字の目安とされてきました。しかし、パソコンの普及など社会の状況が変化したことから、常用漢字は29年ぶりに見直され、2010年に2,136字になりました。漢字を習得する上で手書きは極めて重要と強調さ

れているものの、すべての漢字が手で書けるようになる必要はないとされています。
くわしい情報は文化庁のホームページを参考にしてください (*2)。

3-3. その他の基礎的知識

ふり返りましょう

【質問 33】
次のことばは、漢字の教え方を考える上で重要なキーワードです。それぞれどういうことですか。説明してみましょう。
〔 画数・筆順（書き順）・パタン（パターン）・部首・音符・字源 〕

　漢字の**画数**とは、その漢字をいくつの「線」または「点」で書くかという数です。画数は1画、2画、と数えます。たとえば、「日」なら「｜　冂　日　日」と4回に分けて書くので4画、「本」なら5画です。
　筆順は、どの順に書くかという順番です。「日」の筆順は「｜　冂　日　日」です。筆順は書き順とも言います。
　パタンは1つの漢字を2つの部品に分ける分類方法で、左右型・上下型・構え型・全体型の4種類があります。左右型は、「外・休・行・校」のように左右に分けることができる漢字です。上下型は、「学・見・書・毎」のように上下に分けることができる漢字です。構え型は、「間・国・道・店」のように外（囲み）と中に分けることができる漢字です。全体型は、分けられない漢字で、5画以下の漢字が多いようです。「上・中・下・九」などがあげられます。巻末の資料7のパタンリスト「SKIP PATTERNS CHART」を参照してください。また、具体的にどの漢字がどのパタンになるのか確認したい場合は、『講談社漢英学習字典』（講談社インターナショナル）を参考にしてください。
　部首とは、漢字の部品が同じもの、またはよく似たものをまとめたものです。たとえば、「語・話・講」の「言」、「広・庁・店」の「广」などです。もともと部首は意味を持つ部品でしたが、現在はその意味が弱くなっているものも多いようです。
　音符とは、漢字の部品が同じものをまとめたもので、読み方（音）を表しています。たとえば、「静・清・精」の「青」が音符で、その読み方は「セイ」です。つまり、「青」を部品に持つ漢字はたいてい「セイ」と読みます。

字源とは、1つ1つの文字の成り立ち、起源のことです。たとえば、「手」や「子」は下の図のように絵から字が生まれました。

✋ ⇒ ✌ ⇒ 手

👶 ⇒ 𐙀 ⇒ 子

🏃 やってみましょう

【質問 34】　　　　　　　　　　　　　　→＜解答・解説編へ＞
次の3つの漢字「拍・作・花」について画数、部首、音符を考えてみましょう。

注

*1：日本語能力試験は2010年に改定されて、新しい試験（新試験）が実施されています。新試験ではレベルと出題基準が変更され、レベル別の学習時間や漢字数、語彙数などは発表されていません。くわしくは日本語能力試験のウェブサイト（https://www.jlpt.jp/）をご覧ください。

*2：文化庁「常用漢字表」（平成22年内閣告示第2号）
https://www.bunka.go.jp/kokugo_nihongo/sisaku/joho/joho/kijun/naikaku/kanji/（2023年12月5日参照）

4 漢字の教え方

4-1. 漢字指導の方法

ふり返りましょう

【質問 35】　　　　　　　　　　　　　　　　　　→＜解答・解説編へ＞

みなさんは漢字をどのように学んできましたか。いつ、どこで、だれと、どのように学んだのか思い出して、書き出してみましょう。友だちやまわりの人はどのように学んできたでしょうか。自分と異なる方法があったら、それもつけ加えましょう。

【質問 36】

これまでどのような人たちにどのように漢字を教えてきましたか。表に整理しながらふり返りましょう。もしまだ漢字を教えたことがないなら、自分が漢字を学習したときのことを思い出してみましょう。

学習者のレベル	□初級　　□中級　　□上級　　□その他
何を使って	□漢字用の市販教材　　□機関の作成教材 □主教材の漢字用副教材　□自作教材 □その他（　　　　　　　　　　　　　　　）
漢字の何を	□筆順　　□画数　　□パタン □部首　　□音符　　□字源 □読み方（一部・全部）　□その漢字を含むことば □その他（　　　　　　　　　　　　　　　）
教え方	□1字ずつ説明する □読んだり書いたりするドリル（練習問題）をさせる □その漢字を使って文章を書かせる □小テストをする □その他（　　　　　　　　　　　　　　　　　　）

漢字指導というと初級前半のイメージが強いのではないでしょうか。はじめから、筆順もすべての読み方も、その漢字を含む複数の単語もいっしょに提示することがあるようです。また漢字や語彙のリストを配布し、授業で小テストを行うという学校や教育機関も多いようです。これらの方法をとっている教師の中には、学校や機関の方針だから、先輩や同僚がやっているからということで、そのような教え方をしている場合もあるでしょう。しかし、なぜその活動をやっているのか、この段階で本当に必要なことなのか、活動の目的やその意義、指導のタイミングなどについて、もう一度考えてみましょう。

　漢字にはさまざまな側面があり、漢字指導にはいろいろな立場、考え方があります。学習者の立場から考えて大切なことは、早い時期に漢字を見る視点を増やすということです。教師がさまざまな視点から指導することによって、学習者がその視点に気づき、学習方法のバリエーションを広げることにつながります。

　本書では漢字学習を次の4つの段階に分けて考えていきます。
(1) 漢字学習を始める前
(2) 導入期
(3) 漢字を整理しながら増やす時期
(4) 自律的に漢字を増やす時期

　この章を読み進めながら、みなさん自身が頭の中を整理し、さまざまな方法を使った漢字指導ができるようになることを目指していきましょう。

4-2. 漢字の段階的な指導

(1) 漢字学習を始める前（オリエンテーション）

　漢字を教え始める前に、学習者が漢字学習に興味を持つように、漢字の基礎的知識や漢字の便利さ、必要性などについて伝えましょう。

ふり返りましょう

【質問37】
みなさんが、学習者に最初に伝えたい「漢字の基礎的知識」は何ですか。

　学習者は、ひらがな、カタカナを学んだ後、さらに新しい文字を学び始めることになります。ですから、たとえば最初に「かなと漢字の違い」、それから「漢字の数」

などを教えるとよいでしょう。学習者に必要な漢字の数を伝えることで、学習のゴールや区切りが把握できるようになります。さらにその学校や機関で各学期にどのくらいの漢字を学習する予定なのかも、あわせて知らせるとよいでしょう。特に非漢字系日本語学習者の場合、漢字を複雑な図形のように感じることもあるようです。漢字のパタンを紹介して、漢字の構造がはっきり分かるようにするのも大切です。

考えましょう

【質問38】
教師が何を伝えたら、学習者は「漢字は必要だ」と思うでしょうか。

たとえば、日本語が一般的に漢字かな交じりで書いてあることを伝え、日本語が使えるようになるには漢字が必要だということを伝えます。本や雑誌、新聞などを読むためにも、日本語の歌の歌詞を読んだり、映画やテレビの日本語字幕を読んだりするのにも必要です。また、現在日本に住んでいなくても、将来日本に旅行したり留学したりするのなら、生活にも漢字が必要になります。このようなことを伝えるときには、口頭で伝えるだけでなく、想像できるように、雑誌やパンフレットなどの実物を見せたり、次のような写真などを見せると効果的でしょう。

『すぐに使える「レアリア・生教材」コレクション CD-ROM ブック』（スリーエーネットワーク）より

(2) 導入期
漢字学習を始めるこの時期は、教師は、漢字1字1字を丁寧に指導するだけでなく、学習者が漢字や漢字学習に興味を持てるようなきっかけを用意する必要があります。またその後の学習に役立つ基礎的な知識や便利なツールを知らせたりすることも必要です。

第3章の【質問32】で見たように、日本語能力試験（旧試験）の4級は、漢字

100字程度を目安にしていました。ここでは、0から100字ぐらいまでの漢字を指導する時期を導入期と考えることにします。

ふり返りましょう

【質問39】
みなさんが教えている機関では、初級レベルの学習者に教える漢字を、どのように決めていますか。

　国や地域で決められているシラバスから選んだり、日本語能力試験（旧試験）の出題基準にある漢字から選んだりすることもあるでしょう。また、学習目的によって、トピックや場面ごとに漢字を選んだり、学習者の興味、関心にもとづいて、たとえばアニメやマンガで使われる漢字を選ぶということもあるかもしれません(*1)。また、主教材や漢字用の教材に出てくる漢字を順番に教える人もいるでしょう。初級でどのような漢字を学ぶかは、教科書によって異なります。巻末の資料8に最初に教える漢字の例をあげました。

　教える漢字が決まったら、オリエンテーションで伝えた内容をふり返りながら、漢字を導入します。たとえば、漢字には意味が含まれているということが伝えられるような練習には、次のようなものがあります。

```
絵から漢字ができました（2）
Kanji are made from pictures (2)

山  雨  日  魚

木  目  川  火
```

『みんなの日本語初級Ⅰ漢字　英語版』
（スリーエーネットワーク）p.9 より

※ 解答は**解答・解説編**を参照

　この練習では、漢字の中心的な意味（コアミーニング）と字源にふれることがで

きます。このように、字源を使って指導できる漢字は、漢字全体の数％でしかありませんが、漢字学習の初期の段階の学習者にとっては、漢字に興味を持つきっかけとなることもあり、その後の漢字学習の動機づけになることも多いようです。

漢字の字源を利用したり、ストーリーを考えたりしながら導入するとき、参考になる初級教材として、次のようなものもあります。

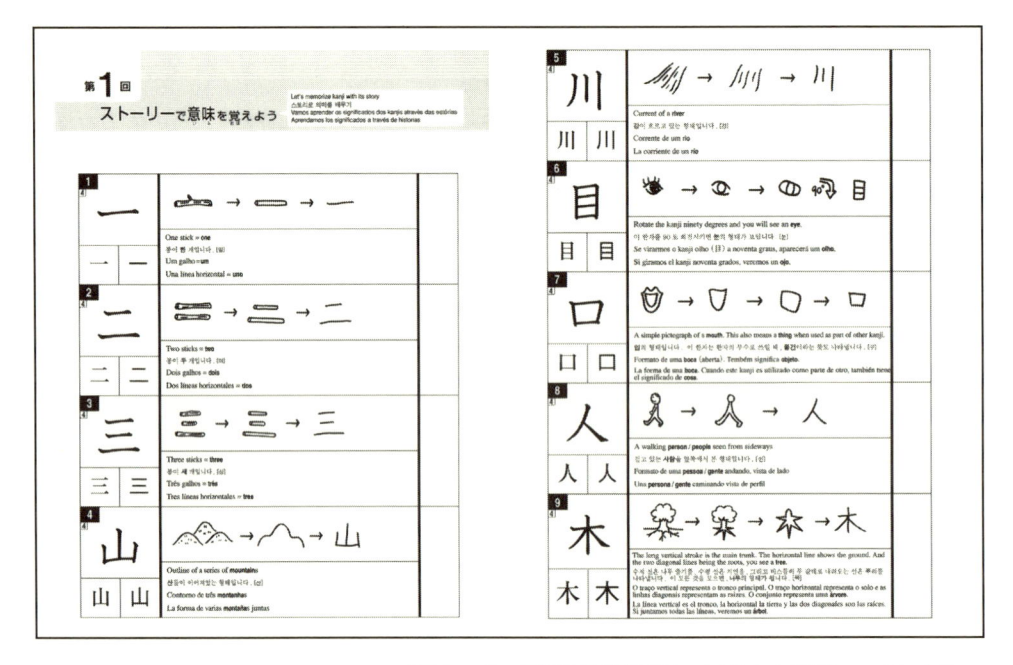

『ストーリーで覚える漢字300』（くろしお出版）pp.2-3 より

考えましょう

【質問40】
次の練習は何を目的とした練習でしょうか。

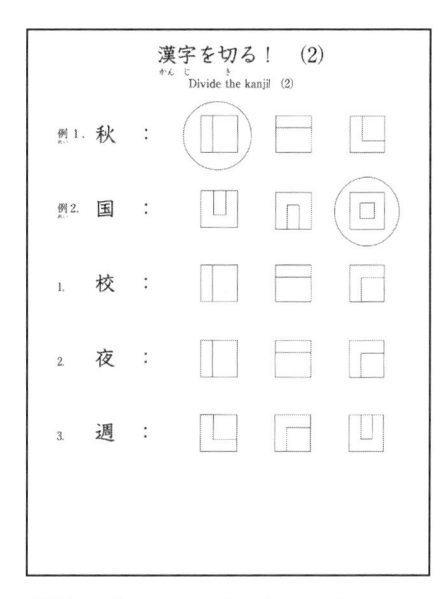

『みんなの日本語初級Ⅰ漢字　英語版』（スリーエーネットワーク）pp.20-21 より

※解答は**解答・解説編**を参照

　これは、漢字をパタンに分けてみることを目的とした練習です。このような練習は、学習者が個別に学習することもできますが、黒板などを使って行えば教室全体の活動にもなります。

　学習者の中には、漢字を複雑に線が入り組んだもののように見ている人もいます。そのため、まず漢字をパタンに分けられるか確認する必要があります。また漢字のパタンに関する知識は、「(3) 漢字を整理しながら増やす時期」で扱う部首や音符に応用することができます。

【質問41】

次のウェブサイトは、どのような練習のために利用することができますか。

　こどものまち「かんじひつじゅんじてん」https://sikoku.jp/kanji/

（2023年12月5日参照）

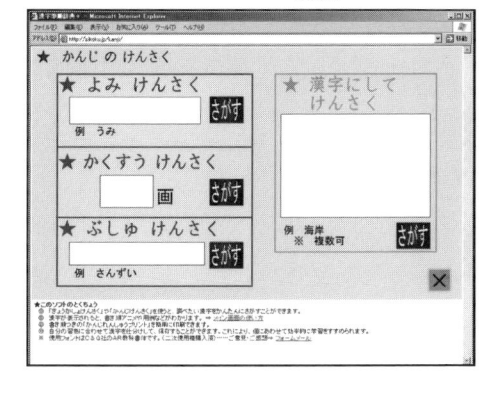

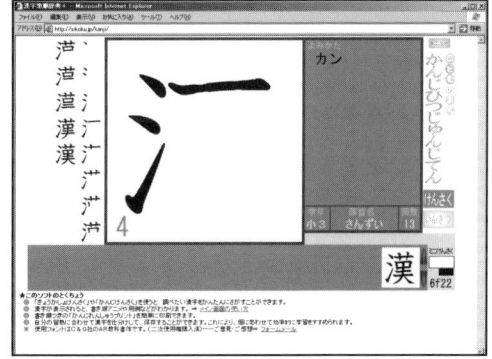

43

このウェブサイトでは、漢字の筆順を確認することができます。筆順は教師が黒板で説明したり、市販の教材を使って示したりするだけでなく、学習者が自分でこのようなウェブサイトを使って確認することもできます。

【質問42】
次の練習A、Bは何を目的とした練習だと思いますか。また、このような練習がどうして必要だと思いますか。

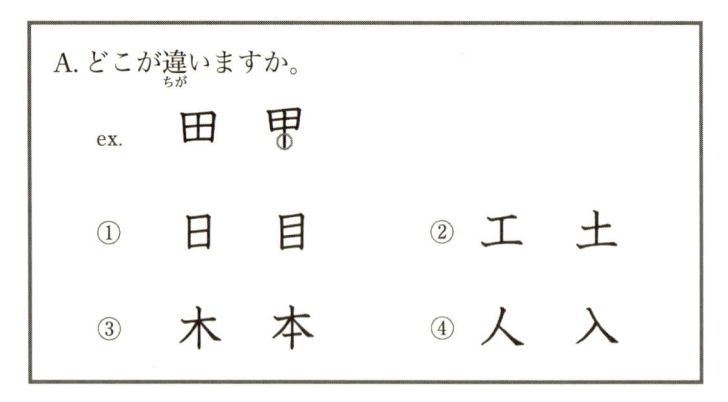

```
A. どこが違いますか。
   ex.  田  甲
   ①  日  目      ②  エ  土
   ③  木  本      ④  人  入
```

『Write Now! Kanji for Beginners』（スリーエーネットワーク）p.11 より

```
B. 正しく直してください。
   ex. 耳 → 耳
   ① 学 → □     ② 手 → □     ③ 男 → □
   ④ 先 → □     ⑤ 留 → □     ⑥ 雨 → □
```

『Write Now! Kanji for Beginners』（スリーエーネットワーク）p.23 より

※ 解答は**解答・解説編**を参照

　Aは、2つとも実際にある漢字ですが、どこが異なるのかを比べることにより、1つ1つの漢字の形に、より注意が向くようになります。Bは、実際にはないまちがった漢字です。学習者がこのような部分的なまちがいを含む漢字を書いた場合に、教師は「細かいところまで見ていないからいけない」とだけ思うのではなく、どうしたら学習者がスムーズに正しく字形を認識できるようになるかを考え、これらの練習を取り入れるなどの工夫をするといいでしょう。

【質問43】

次の練習は何を目的とした練習だと思いますか。また、どうしてこのような練習が必要だと思いますか。

```
どんな漢字ができますか。

れい  | 一 一  ……………………  上
1)    ⊐ ノ     ……………………  □
2)    J ノ 丶  ……………………  □
3)    | ⊐ 一 |  ……………………  □
4)    一 | ノ 丶 一  ……………………  □
```

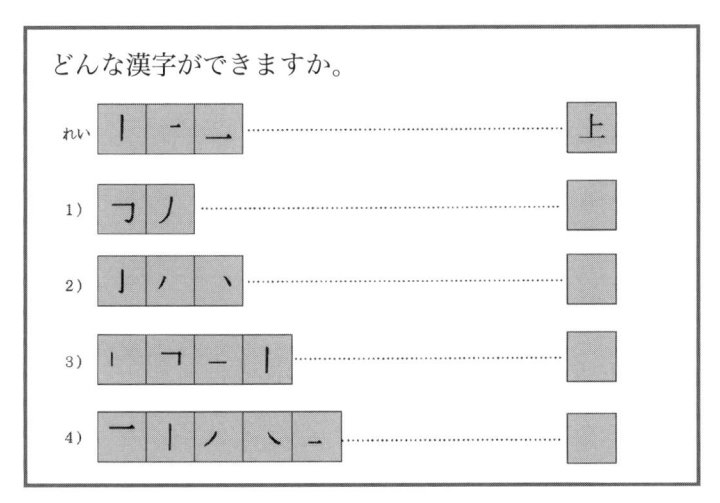

『漢字マスター Vol.1 4級漢字100』（専門教育出版）p.51 より
※ 解答は**解答・解説編**を参照

　この練習は、漢字の正確な筆順を問うものです。組み合わせて漢字を再構成できるかどうか、またバランスよく正答の漢字が書けるかどうかがポイントになります。

【質問44】

次の練習A、Bは何を目的とした練習だと思いますか。また、どうしてこのような練習が必要だと思いますか。

```
A. 右の丸の中にある漢字の部品を組み合わせて、漢字を作ってください。

ex. ( 小 ) + ( ノ ) = 少
    (   ) + (   ) = □
    (   ) + (   ) = □
    (   ) + (   ) = □
    (   ) + (   ) = □
    (   ) + (   ) = □
    (   ) + (   ) = □
```

（丸の中：夕、木、氺、メ、辛、見、刀、七、氵、女、気、冫、夕、宀）

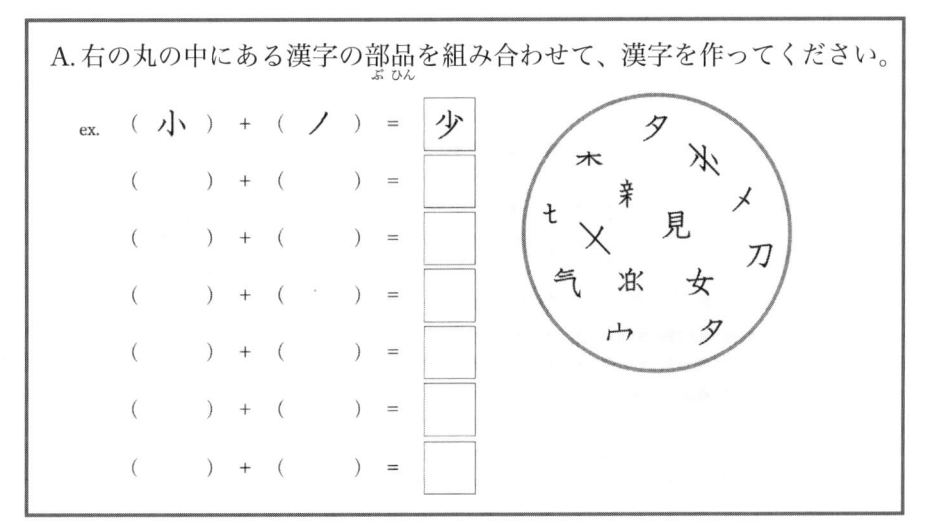

『Write Now! Kanji for Beginners』（スリーエーネットワーク）p.57 より

45

B. どんな漢字でしょう。

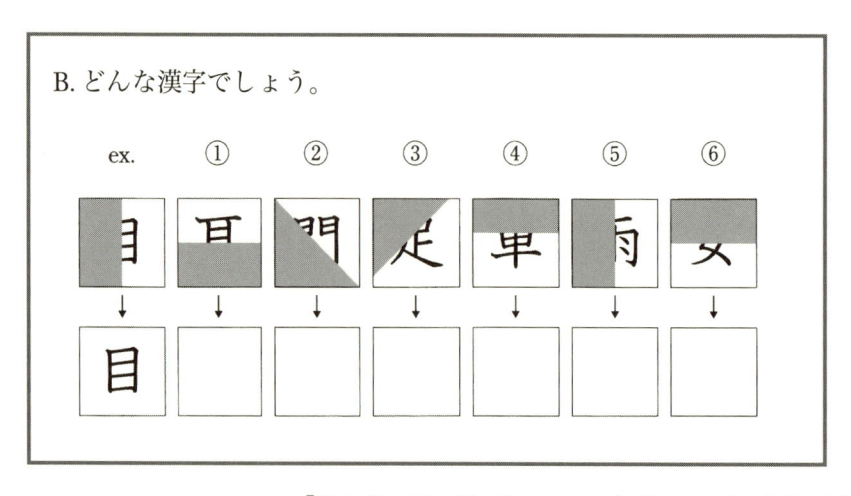

ex.	①	②	③	④	⑤	⑥
目	耳	門	足	単	雨	文
↓	↓	↓	↓	↓	↓	↓
目						

『Write Now! Kanji for Beginners』（スリーエーネットワーク）p.23 より

※ 解答は**解答・解説編**を参照

　これらは漢字の部品を集めて、正しく再構成できるかどうかがポイントになります。それぞれの部品の大きさを考えることで、実際に字を書くときにバランスを考えるようにもなっていくでしょう。また、漢字の部品をくり返し提示することで、学習者が新しい漢字を学ぶ時に「この部品は、別の漢字にもあった」と思い出すきっかけにもなります。このような練習は5〜10分あればできる練習で、レベルを問わず取り入れることができます。漢字指導のための授業でなくても、普段の授業時間内に取り入れることができるでしょう。

　100字程度覚えた段階で、漢字がどのような場面で使われているのかについて考えるような活動をしてみると、漢字への親しみが増し、その後の漢字学習の動機づけにもつながります。いろいろな場面でどのような漢字が使われているか、教室の外にも目を向けてみましょう。

やってみましょう

【質問45】　　　　　　　　　　　　　　　　　→＜解答・解説編へ＞

日本で駅に行くと、次の例のような漢字を見ることができます。ほかにどんな漢字があるでしょうか。実際に見に行って確かめてみましょう。また、自動販売機にはどのような漢字が書いてありますか。

場面 ばめん	漢字 / ことば
駅 えき	例）改札口、北口、西口、乗車位置、○○駅 れい　かいさつぐち　　きたぐち　にしぐち　じょうしゃいち　　　　えき
自動販売機 じどうはんばいき	

　このような活動は、身の回りの漢字に注目するきっかけになります。また「漢字の必要性」が実感できるようになります。もし実際に見に行くことができないなら、日本で生活するために必要な漢字を教師が考え、写真や実物などとともに提示してみてください。自動販売機などは、漢字が読み取れるように工夫した写真で提示すれば、海外の現場でも取り組める活動で、日本事情の紹介にもなります。

　生活に必要な漢字を中心に組み立てられている次のような初級用漢字教材もあります。このように場面やトピックを中心に漢字を導入していけば、新しく学んだ漢字が実際どのように使われるのか理解しやすくなります。

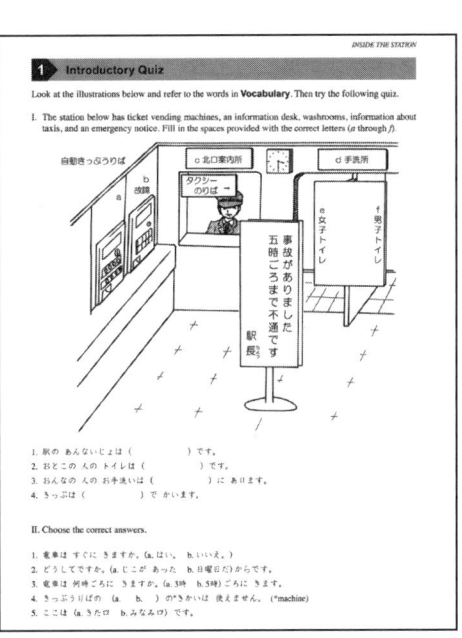

『250 ESSENTIAL JAPANESE KANJI CHARACTERS Vol.1』（TUTTLE PUBLISHING）pp.92-93 より

　学習者に漢字をどのような場面で使うのか伝えるために、生教材を使う場合、注意した方がよいこともあります。次の生教材を使って漢字を指導することを具体的に考えながら、注意点についても考えてみましょう。

考えましょう

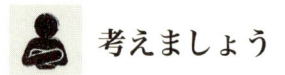

【質問 46】

薬の箱や袋を使って、漢字を指導する場合、どの漢字を指導しますか。

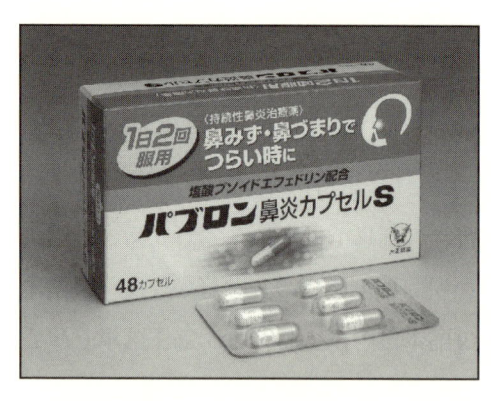

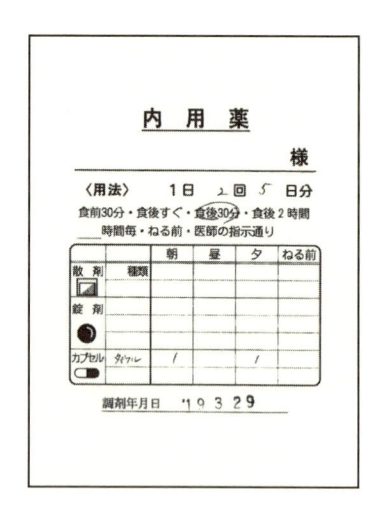

『すぐに使える「レアリア・生教材」コレクション CD-ROM ブック』(スリーエーネットワーク)より (*2)

　生教材を使用することで、漢字が実際にどのように使われているのかを目にすることができます。そういった利点がある一方で、複雑な漢字を一度にたくさん目にすることにもなります。生教材を使用する場合、教師はまずどの漢字を扱うのかを考える必要があります。また扱う漢字の中でも、書ける必要のある漢字、読めればよい漢字、理解できればよい漢字など、学習者に何を学ばせるのかを考える必要もあります。

　では次に、学習者が覚えたばかりの漢字を使って、達成感が得られるような活動を紹介します。「一二三四五六七八九十」「日月火水木金土」を使った「漢字カレンダー」です。

【質問 47】

次のような漢字を使ったカレンダーを作ると、達成感が得られるだけでなく、漢字を書くときの重要な特徴を練習することができます。漢字のどのような特徴を学べると思いますか。

　漢字カレンダーを作るときの活動の手順は①〜③の通りです。

①筆順を確認しながら、漢数字（一～十）の「書き」を練習する。
②絵と漢字を結びつけながら、曜日を表す漢字（日月火水木金土）の意味と読みを確認し、「書き」の練習をする。
③学習者にカレンダー用のシートを配り、曜日と日付を書き入れて、カレンダーを完成させる。

	→日（ひ）	→日（ニチ）ようび
☀	→月（つき）	→月（ゲツ）ようび
🌙	→火（ひ）	→火（カ）ようび
🔥	→水（みず）	→水（スイ）ようび
💧	→木（き）	→木（モク）ようび
🌳	→金（かね）	→金（キン）ようび
	→土（つち）	→土（ド）ようび

国際交流基金『日本語教育通信』47号より

漢数字には、「とめ、はね、はらい、折れ、曲がり、点」など、基本的な書き方のポイントが入っています。漢字カレンダーを作るために、漢数字を何度も書くことによって、この重要な特徴を学ぶことができます。また、筆順に気をつけることや、字源などに触れることもできるでしょう。

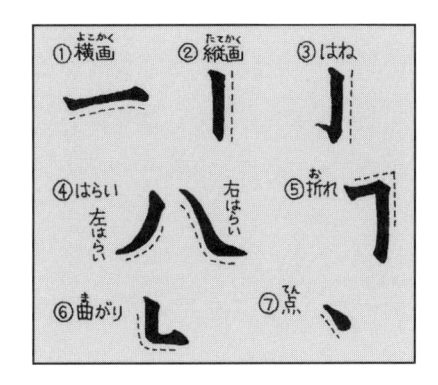

①横画　②縦画　③はね
④はらい（左はらい・右はらい）　⑤折れ
⑥曲がり　⑦点

国際交流基金『日本語教育通信』47号より

　漢字カレンダー作りは、活動自体が動機づけになったり学習意欲を高めたりすることにつながります。学習者を4つのグループに分け、それぞれのグループが各季節を担当し、3ヵ月ずつのカレンダーを作成するようにしてもよいでしょう。また、日本の祝日について調べたり、それぞれの月の行事や、季節に関するイラストを入れて、日本文化や日本事情の学習につなげることもできます。大きい紙に書いて教室に貼ったり、小さく縮小して全員にコピーして配付したり、大きさを工夫することもできますし、ペンではなく筆ペンを使ったりすれば、さらに動機づけにもなるでしょう。「カレンダーを作る」というその場限りの活動ではなく、効果的で継続的な漢字学習につながるよう、それぞれの学習者の様子を見ながら工夫しましょう。

(3) 漢字を整理しながら増やす時期

　市販の漢字教材を見ると、初級または基本の漢字として、だいたい300字または500字をあげているものが多いようです。ここでは、導入期の100字の次の目標として、500字を考えることにします。【質問32】でも見た通り、500字は、新聞に使われる漢字の80%という目安にもなります。

　みなさんは、100〜500字レベルの学習者に、どのように漢字を教えているでしょうか。リストを作成して渡していますか。読んだり書いたりする小テストをさせていますか。継続的な漢字学習には、前向きに学習に取り組めるような工夫が必要です。そのためにも、学習者が楽しんだり、興味をもったりできるような活動を教室で取り入れるといいでしょう。そして、漢字を1つ1つ覚えて積み重ねていくだけではなく、漢字の知識を整理しながら効率的に覚えていくことも必要になります。

　また、この時期は、学習者が漢字学習のさまざまな方法を経験し、この後の1,000字、2,000字の学習に向けて、自律的に漢字学習を進めていくための基礎を築く時期でもあります。みなさんが教えている機関では、漢字指導のための科目や漢字指導のための時間がありますか。国内外を問わず、多くの場合、初級前半レベルの学習者を対象にした漢字指導の時間はあっても、初級後半からは教室で漢字だけを指導する機会は減ってしまうことが多いようです。2,000字すべてを教室で指導するのは教授環境としても難しいでしょうし、学習者も希望していないかもしれません。漢字指導の時間が確保できないのであれば、学習者に漢字の学習方法にバリエーションがあることをあらかじめ伝えておいたほうがいいでしょう。学習者が「自分に合う方法が見つかった」「この学習方法が好きだ」と思えば、その後の独習に生かすことができます。

　では、この段階には、どのような漢字学習の方法があるでしょうか。漢字の知識を整理するさまざまな練習方法を見ていきましょう。

考えましょう

【質問48】
次の9つの漢字を3つのグループに分けるとすると、どのように分けることができますか。
〔 村　伝　記　試　休　林　柱　仕　話 〕

たとえば、この9つの漢字は、「村・林・柱」「伝・休・仕」「記・試・話」の3つのグループに分けることができます。漢字の左側の部品が共通していて、同じ**部首**をもつ漢字のグループです。部首は、いくつかの漢字に共通している漢字の一部分で、その漢字の字源などと深く関係しています。漢和辞典の多くは、部首を画数順に並べ、その部首内で、漢字が画数順に配列されています。しかし、同じ漢字でも、どれを部首とするかは漢和辞典によって異なることもあるため、注意が必要です(*3)。

学習者の視点で考えてみると、導入期の100字程度では、1つの部首に対して該当する漢字があまり多くありません。そのため、はじめから部首とその部首の意味を覚えるのは負担になり、あまり意味がありません。しかし、学習が進み、覚える漢字が増えていくと、機械的に暗記し続けていくのは大変です。そこで、ある程度漢字を学んだ後、頭の中を整理する1つの方法として、部首を紹介するのがいいでしょう。部首の意味も簡単に紹介しておくと記憶に残りやすくなっていいと思いますが、部首の名前や意味は必ずしも必要ではありません。部首を使った練習には、次のようなものもあります。

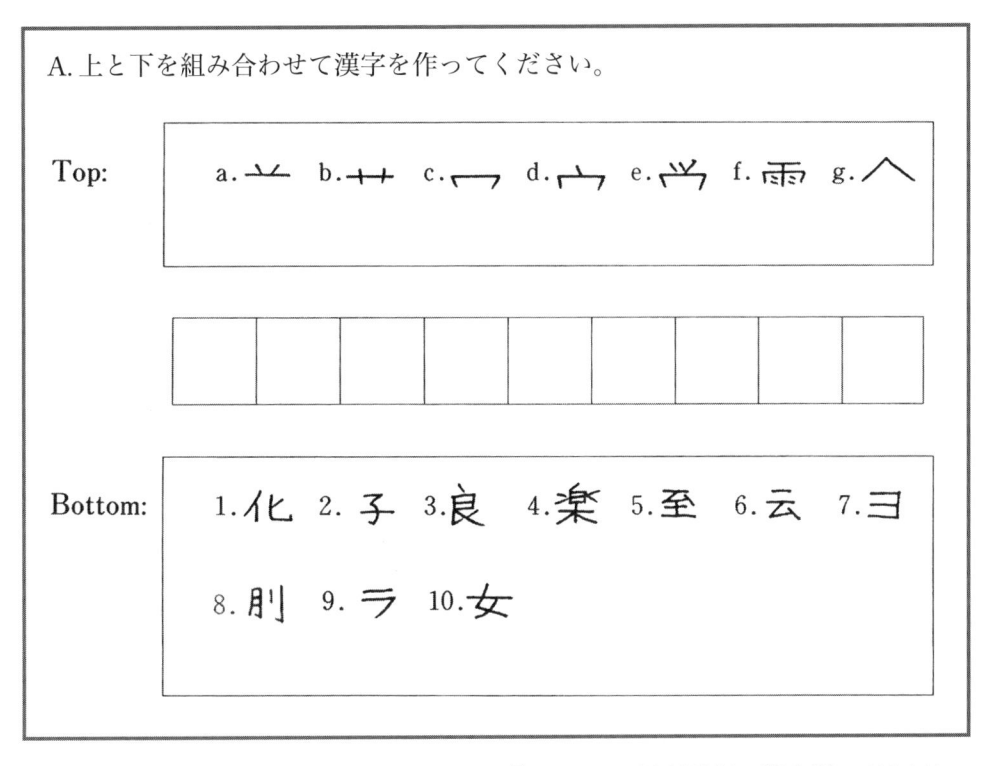

A. 上と下を組み合わせて漢字を作ってください。

Top: a. 丷 b. 艹 c. 冖 d. 宀 e. 𭕄 f. 雨 g. 人

[| | | | | | | | |]

Bottom: 1. 化 2. 子 3. 良 4. 楽 5. 至 6. 云 7. ヨ 8. 刖 9. ラ 10. 女

『BASIC KANJI BOOK Vol.1』（凡人社）p.116 より

B. 右側には、どのような部分が入りますか。

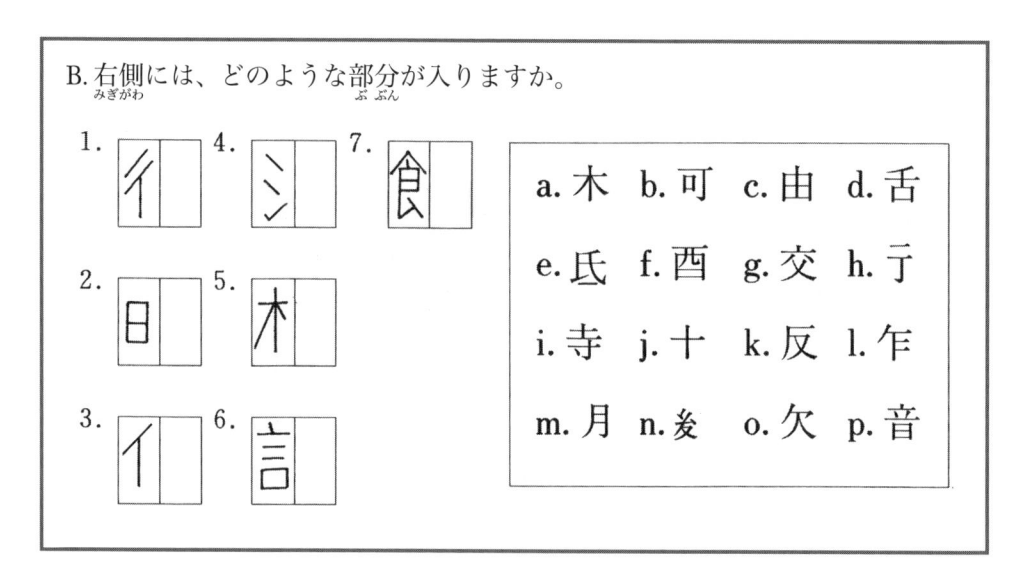

1. 亻　4. 冫　7. 飠

2. 日　5. 木

3. 亻　6. 言

a. 木　b. 可　c. 由　d. 舌
e. 氐　f. 酉　g. 交　h. 丁
i. 寺　j. 十　k. 反　l. 乍
m. 月　n. 彡　o. 欠　p. 音

『BASIC KANJI BOOK Vol.1』（凡人社）p.107 より
※ 解答例は解答・解説編を参照

次に、部首以外の整理の仕方を考えてみましょう。

【質問49】

次の9つの漢字を3つのグループに分けるとすると、どのように分けることができますか。

〔 校　誌　帳　志　効　長　仕　郊　張 〕

　この9つの漢字は、「校・効・郊」「誌・志・仕」「帳・長・張」の3つのグループに分けることができます。「校・効・郊」は「交」が共通していて、それぞれ「コウ」と読む漢字です。「誌・志・仕」は「士」が共通していて、それぞれ「シ」と読みます。「帳・長・張」は「長」が共通していて、「チョウ」と読みます。このように共通する部品で同じ読み方を持つものを**音符**と言います。部首や音符を組み合わせた漢字を形声文字と言い、形声文字は漢字全体の80％以上を占めると言われています。そのため、学習者が漢字を見て、部首や音符を見つけられるようになることが大切です。次のように、音符を音記号として提示し、整理している教材もあります。

③漢字と音記号

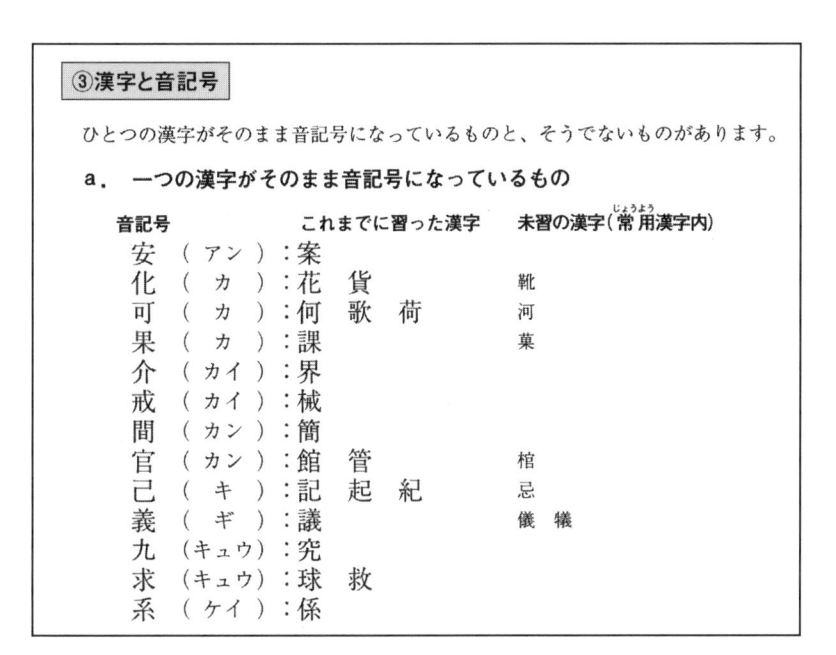

ひとつの漢字がそのまま音記号になっているものと、そうでないものがあります。

a． 一つの漢字がそのまま音記号になっているもの

音記号		これまでに習った漢字	未習の漢字（常用漢字内）
安	（アン）	：案	
化	（カ）	：花　貨	靴
可	（カ）	：何　歌　荷	河
果	（カ）	：課	菓
介	（カイ）	：界	
戒	（カイ）	：械	
間	（カン）	：簡	
官	（カン）	：館　管	棺
己	（キ）	：記　起　紀	忌
義	（ギ）	：議	儀　犠
九	（キュウ）	：究	
求	（キュウ）	：球　救	
系	（ケイ）	：係	

『INTERMEDIATE KANJI BOOK Vol.1』（凡人社）p.94 より

また、漢字を1字ずつ指導するだけではなく、ことばとして指導する必要もあります。次はことばの意味のまとまりを考えさせる練習です。

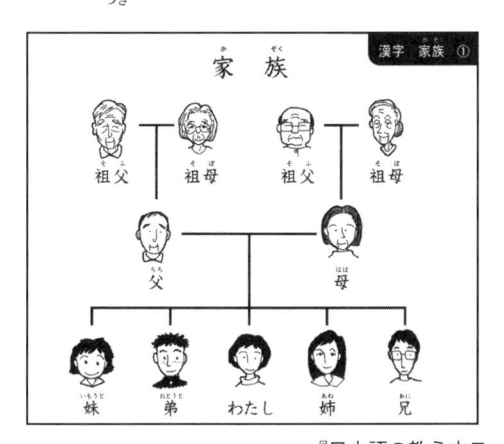

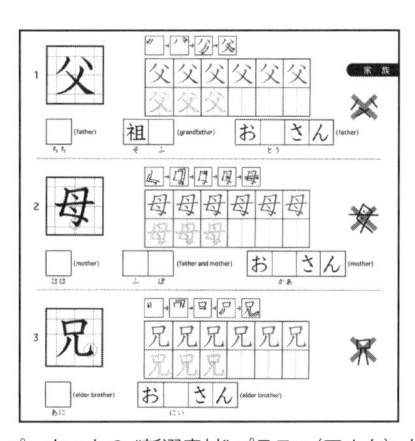

『日本語の教え方スーパーキット2 "新選素材"プラス』（アルク）より

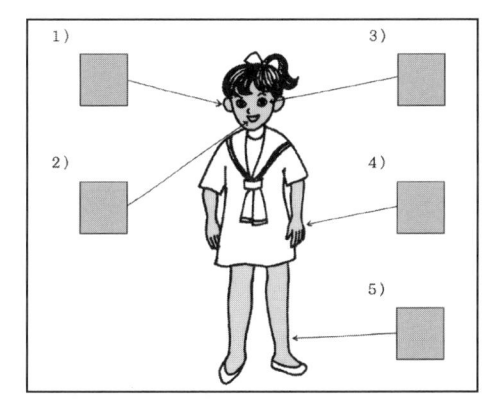

『漢字マスター Vol.1 4級漢字100』
（専門教育出版）p.77 より

※ 解答は**解答・解説編**を参照

【質問 50】

次の練習は、何に注目した練習でしょうか。

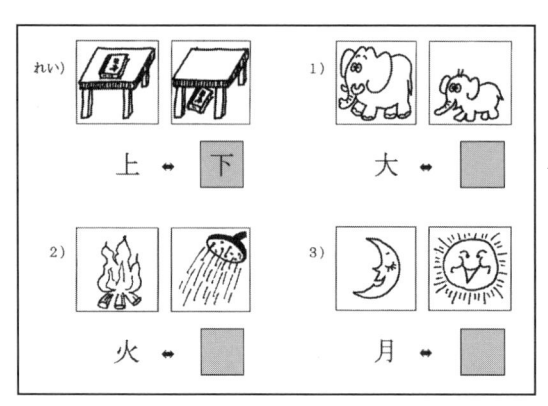

```
れい)  [絵]  [絵]        1) [象]  [象]
        上 ⇔ 下            大 ⇔ □

2) [火]  [シャワー]    3) [月]  [太陽]
    火 ⇔ □              月 ⇔ □
```

『漢字マスター Vol.1 4級漢字 100』（専門教育出版）p.52 より

※ 解答は**解答・解説編**を参照

これは、反意語（意味が反対の漢字、ことば）に注目した練習です。

【質問 51】

次の練習 A、B は何を目的とした練習だと思いますか。また、どうしてこのような練習が必要だと思いますか。

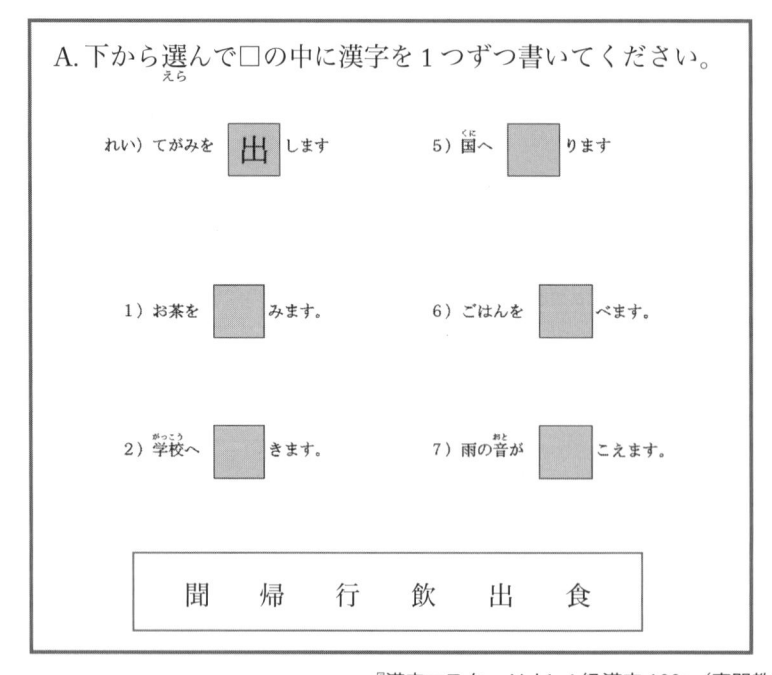

```
A. 下から選んで□の中に漢字を１つずつ書いてください。

  れい) てがみを 出 します       5) 国へ □ ります

  1) お茶を □ みます。          6) ごはんを □ べます。

  2) 学校へ □ きます。          7) 雨の音が □ こえます。

       ┌─────────────────────────────┐
       │ 聞  帰  行  飲  出  食 │
       └─────────────────────────────┘
```

『漢字マスター Vol.1 4級漢字 100』（専門教育出版）p.109 より

54

B. 読み方が同じ漢字を探してください。

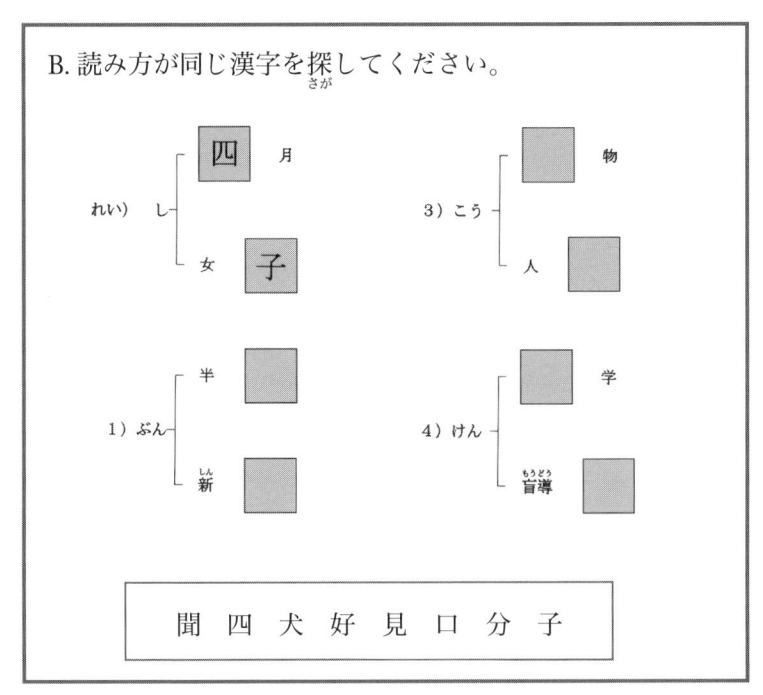

れい) し ─ 四月 / 女子

1) ぶん ─ 半□ / □新

3) こう ─ □物 / □人

4) けん ─ 学□ / 盲導□

聞　四　犬　好　見　口　分　子

『漢字マスター Vol.1 4級漢字100』（専門教育出版）p.110より
※解答は解答・解説編を参照

　Aのような練習をすると、学習者は動詞のことばが漢字と送りがなの組み合わせで書かれていること、漢字が意味を持っていることに気づくことができます。Bは、同じ読み方であっても、意味（ことば）が違えば漢字が異なるということが実感できます。同音漢字をただリストにして提示するだけでなく、ことばとして提示し、意味に注目するようにすれば、覚えやすくなったり、漢字の知識の整理に役立ったりするでしょう。

やってみましょう

【質問52】

ここまで、いろいろな練習の例を見てきましたが、それぞれの練習は、教師が自分の学習者に合わせて作ることもできます。これまで紹介してきたような練習問題を参考に、それぞれの目的を考えて実際に作ってみましょう。

世界的にインターネットが普及した現在、日本語学習者が、自分の興味で日本のウェブサイトを見たりすることも増えてきました。この時期の学習者は、日本語力もついてきて、インターネットでさまざまな情報を得られるようになってきます。しかし、いろいろ知りたい、見たいと思うのに、ウェブサイトに書かれている漢字が難しくてあきらめたり苦労したりすることが多いようです。

考えましょう

【質問53】
読めない漢字があっても、学習者が自力で情報を得られるようになるには、どのようなツールを使うとよいでしょうか。

　学習者が気軽に日本語ウェブサイトにアクセスできるように、次のようなウェブサイトを便利なツールとして紹介するとよいでしょう。
・「ひらひらのひらがなめがね」https://www.hiragana.jp/（2023年12月5日参照）
・「POP辞書」https://www.popjisyo.com/（2023年12月5日参照）

　「ひらひらのひらがなめがね」は、検索ボックスの中にウェブサイトのURLを入力し、［GO］をクリックすると、見たいウェブサイトの日本語にふりがな（漢字の読み方）を付けて表示されます。（図①→②→④）
　「POP辞書」は、検索ボックスの中にウェブサイトのURLを入力し、言語を選択し、［翻訳開始！］をクリックすると、見たいウェブサイトが表示されます。そして、読み方や意味のわからないことばの上にカーソルを合わせると、漢字の読み方やことばの意味が図⑤にあるようにポップアップで表示されます。（図①→③→⑤）

①もとのウェブページ

②「ひらひらのひらがなめがね」

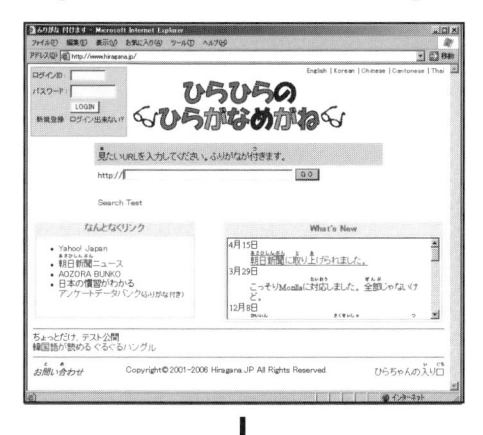

③「POP辞書」

④「ひらひらのひらがなめがね」
　で見たページ

⑤「POP辞書」で見たページ

このようなツールの紹介は、漢字学習に直接関係するとは言えないかもしれません。しかし、この時期の学習者の中には「知りたい情報があるのに、漢字が難しすぎる」と思う人も多いのではないでしょうか。学習者がやる気を保てるよう、学習内容や学習方法だけでなく、このようなツールを紹介することも必要です。

　漢字学習は、漢字を何度も書いたり、読んだりするだけでなく、さまざまなタイプの練習や活動が考えられます。いろいろな漢字学習の方法を知っていれば、学習した漢字数が増えても、学習者がそれまで積み重ねてきた知識をふまえて、自律的に漢字学習を進めていけるようになります。もしみなさんの学習者が、何度も書く、何度も読むという学習方法しかしていないなら、短い時間でできる活動もありますから、導入期の活動に加えて、「(3) 漢字を整理しながら増やす時期」で紹介した方法も試してみてください。

(4) 自律的に漢字を増やす時期

　学習した漢字が500字を超え、1,000字、2,000字と増えていっても、これまでと同様に学習を積み重ね、習得した漢字やその知識について、整理する必要があります。そして、「漢字」を「語彙」としてとらえ、学習を進めていくことも必要になります。習得した漢字数によって、読み書きできる語数に違いがでるのは当然ですが、漢字とともに語彙を学ぶ、語彙とともに漢字を学ぶという観点も必要です。
　また、漢字数や語彙数が増え、学習者の興味が教科書から外に向かうようになると、学習者が教室外で、新聞や雑誌、専門書、インターネットで日本文化・日本事情に触れることも多くなります。この時期の学習者には、さまざまな学習方法を経験させたり、漢字学習用の教科書、教材を紹介したりするだけでなく、スムーズに生の情報にアクセスできるようなツールの使い方を確認することも大切です。

考えましょう

【質問54】
『KANJI IN CONTEXT WORKBOOK VOL.1』(The Japan Times)と『INTERMEDIATE KANJI BOOK VOL.1』(凡人社)を見てみましょう。2つの教材の特徴はどのような点だと思いますか。もし手元にあれば、実際にいくつかの課を見てみてください。手元にない人は巻末の資料9、資料10を見てください。

『KANJI IN CONTEXT WORKBOOK VOL.1』は、漢字と語彙を体系的に学ぶための教材で、同じ語や関連語彙をくり返し提示することで確実に積み上げていくことができます。各回ともに語彙例だけでなく、例文の中で語彙が提示してあります。実際に使用した学習者の話では、この例文が記憶の助けになったり、学習意欲を高めたりしたようです。

　『INTERMEDIATE KANJI BOOK VOL.1』は、漢字の知識の整理に役立つような情報が書いてあり、体系的な漢字学習に役立ちます。またこの教材のはじめには、「漢字力診断テスト」があり、学習者が漢字に関する知識や運用力をバランスよく持っているかどうか調べ、どのような弱点があるのか、これからどのような方法で勉強していけばいいのか、アドバイスを得たりすることができます。

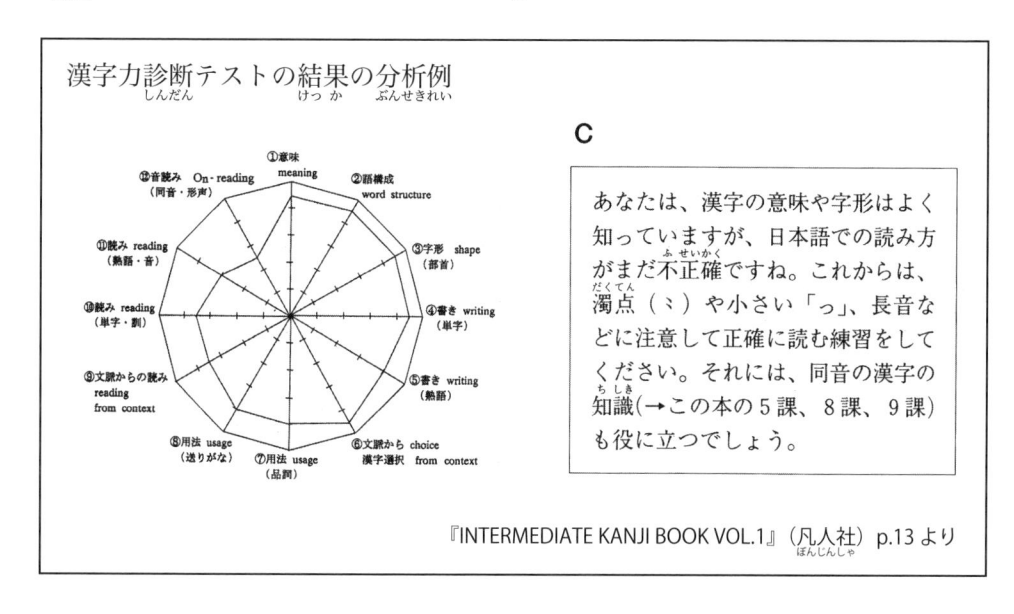

漢字力診断テストの結果の分析例

①意味 meaning
②語構成 word structure
③字形 shape (部首)
④書き writing (単字)
⑤書き writing (熟語)
⑥文脈から choice 漢字選択 from context
⑦用法 usage (品詞)
⑧用法 usage (送りがな)
⑨文脈からの読み reading from context
⑩読み reading (単字・訓)
⑪読み reading (熟語・音)
⑫音読み On-reading (同音・形声)

C
あなたは、漢字の意味や字形はよく知っていますが、日本語での読み方がまだ不正確ですね。これからは、濁点（ﾞ）や小さい「っ」、長音などに注意して正確に読む練習をしてください。それには、同音の漢字の知識(→この本の5課、8課、9課)も役に立つでしょう。

『INTERMEDIATE KANJI BOOK VOL.1』（凡人社）p.13 より

　独習がスムーズにできるようにするには、学習方法以外にも紹介したほうがいいことがあります。それは辞書の使い方です。辞書には、紙の辞書だけでなく、電子辞書やウェブ辞書などもあります。多くの場合、学習者は自分で「辞書をうまく使っている。自分で辞書で調べられる。」と思っているようですが、実際には、調べたい漢字を見つけられなかったり、電子辞書の便利な機能を知らなかったりすることも少なくないようです。また学習者の中には、調べて見つからないと、「この辞書は全然役に立たない」「調べ方がわからない」とあきらめてしまう人がいます。

　紙の辞書でも電子辞書でも、調べ方はだいたい共通しています。たとえば、読み方も意味もわからなければ、総画数索引を使って調べることになります。総画数索引を使う場合、正確に画数が数えられる必要があります。もし総画数索引で調べても見当たらないときは、画数の数えまちがいの可能性もあるので、その前後の画数

もあわせて確認したほうがいいという点も指導のポイントになるでしょう。

　海外では、漢字字典や電子辞書が手元にない場合があります。その場合は、【質問53】で紹介したウェブサイトを利用してふりがなをつけた後、無料で使える辞書(対訳・翻訳)のウェブサイトなどを利用するとよいでしょう。「NIHONGO e な」(https://nihongo-e-na.com/)でも辞書などの紹介がされています。それぞれの特徴を理解した上で、学習者に紹介できるよう、整理しておきましょう。

やってみましょう

【質問55】　　　　　　　　　　　　　　　　　　→＜解答・解説編へ＞

辞書を使って漢字や漢字のことばを調べてみましょう。次のようなケースでは、どのような手順で調べますか。具体的に考えてみましょう。そして、紙の辞書、電子辞書、ウェブ辞書など、さまざまな辞書を使って調べてみましょう。

ケース	どのように
「国際」の読み方を知りたい： 「国際」の「国」「際」の両方の読み方がわからない場合	
「国際」の読み方を知りたい： 「国際」の「国」の読み方「くに」は知っているが、「際」は知らない場合	
「国際」の読み方を知りたい： 「国」は「くに」、「際」は「さい」と知っているが、「国際」はどう読めばいいのかわからない場合	

整理しましょう

　ここまで漢字学習について段階別に整理し、さまざまな学習方法があることや、学習ツールなどについて紹介しました。学習者が興味を持つような活動をしたり、頭の整理を促すような活動をしたりすることは、日本語学習を続けていくために重要なことです。教師が教室でさまざまな漢字学習の方法を紹介することによって、学習者は自分自身に合う方法を見つけることができ、学習も継続しやすくなるでしょう。また、漢字を体系的に学ぶためには、基礎的知識やそれを使った学習方法なども必要になります。そして体系的に学ぶことは、記憶の保持にもつながっていきます。第3章、第4章で扱った学習方法や知識をヒントに、漢字指導を工夫してみましょう。

注

*1：アニメ・マンガに興味、関心がある学習者に漢字を教える場合は「アニメ・マンガの日本語」(https://anime-manga.jp/) が、場面ごとに漢字を教えたい場合は『250 Essential Japanese Kanji Characters Volume 1』(TUTTLE PUBLISHING) などが参考になります。

*2：左は2009年6月以前のパッケージの写真です。

*3：部首の分類の仕方や数え方については、さまざまな考え方がありますが、1710年に中国で作られた『康熙字典』をもとに、現在の日本では214とするのが一般的です。また、辞書によっては、漢字の検索のしやすさを第一に考え、部首ではない部品（たとえば校の「交」や「亠」など）を使っても部首索引で検索することができる辞書もあります。

II. 語彙編

5 日本語の語彙

5-1. 日本語の語彙の特徴

「語彙」ということばはさまざまに定義されますが、ここでは、「語彙」とは決められた範囲の「語（単語）」の集まりのことを言うことにします。たとえば、「日本語の語彙」「新聞の語彙」「教科書の語彙」などのように、ある「語」のグループ、集合のことです。そして、「語」ということばもさまざまな定義がありますが、ここでは、「語」とは意味を持つ最小の単位で、それだけで単独で使うことができるものとします。

第5章、第6章では、語彙の教え方について考えます。語彙の学習は、覚えなければならないものが多いという点で、文字の学習と似ています。また、日本語の語彙の特徴から、学習する上で注意が必要になる点もあります。

考えましょう

【質問56】
日本語の語彙は、いくつぐらいあるでしょうか。日本語学習の目標として、何語ぐらいが必要ですか。

たとえば、一般的な小型の国語辞典の見出し語は、約6万～8万語あまり、大型辞典では50万語に及ぶと言われています。しかし、現在ではほとんど使うことのないような古い語や、専門用語、固有名詞なども含まれています。

では、日本語学習の目標として何語ぐらいが目標となるでしょうか。日本語能力試験（旧試験）の認定基準では、次のような語数が提示されていました。

4級	3級	2級	1級
800 語程度	1,500 語程度	6,000 語程度	10,000 語程度

この基準をもとに、日本語の語彙学習の目安として、1万語をあげることも多いようです。また、初級段階では2,000語という数字を出すこともあります(*1)。しかし、学習者によって、必要とする語彙は異なります。また、聞くか読むかしたときに理解できればいい語（理解語彙）なのか、自分で話したり書いたりできる語（使用語彙）なのかという区別もあります。それに、1つの語をとってみても、いろいろな意味（多義）や、さまざまな使い方があるので、学習する量としては、その意味や使い方の数だけあると見ることもできます。たとえば、「あまり」という語には、「教科書を買ったあまりのお金でノートも買った」「あまりの寒さに、声も出なかった」「この川の水はあまりきれいではない」「イベントには100人あまりの人が参加した」など、さまざまな意味や使い方があります。

【質問57】
日本語の語彙は、ほかの言語と比べてどのような特徴がありますか。日本語学習上問題になりやすい特徴はどのようなものですか。

　学習者の立場からは、次のようなものが特徴としてあげられます。
①擬声語・擬態語が多い(*2)
　擬声語・擬態語（例：ザーザー、くるくる、ずしり）は、あらたまった場面や新聞などのかたい文章にはあまり使われませんが、日常会話などではよく使われています。母語に適当な訳語がなかったり、また、様態や感情を表すものも多いため、学習者にとって難しく感じる語彙です。最近は、海外の学習者でも、日本のマンガや映画などを通して、豊富な擬声語・擬態語に触れる機会が多くなっています。

②外来語が多い
　特に、英語由来のものが多く、次々と新しい外来語が加わっています。もとの英語の意味と違っていたり（例：スマート、ダイエット）、英語にはない和製英語（例：ガソリンスタンド、オーダーメイド）があったりします。学習者にとっては、意味や使い方の上でも、発音や表記に関しても、難しいと感じることが多いようです。同じような意味の語がもともとの日本語にある場合、その違いや使い分けが問題になることもあります（例：牛乳／ミルク、速さ／スピード）(*3)。

③同音異義語が多い
　＜使用／仕様／試用／私用＞のように、音は同じでも、表記も意味も異なる漢字

熟語が多くあります。話されたものを聞いたときに、意味を取り違えるといった問題が起こることもあります。

④話し手の属性、話し手と聞き手の関係、場面、状況によって使い分ける語が多い
　特定の地域や年齢層で使われる語彙（方言、若者ことば）、特定の職業や集団だけで使われることば、男ことばと女ことば、話しことばと書きことば、敬語など、意味するもの（その語がさしているもの）は同じでも、話し手や場面によって使い分けられている語がいろいろとあります。だれが、どのような場面で使うのかという使い方を正しく理解していないと、次の例のようにその場に不適切だったり、失礼になったりすることもあります。

　例）＜仕事でのプレゼンテーションで＞
　　こちらの2枚の写真をご覧ください。右は現在の状況を撮影した<u>やつ</u>です。
　　（×やつ→○もの）

　このような使い分けに関する知識は、学習者にとっては、教えられなければ気づきにくいものなので、指導が必要です。

　そのほかにも、ほかの言語と異なる文法的な特徴（動詞の活用の仕方、名詞に性がないなど）もあります。また、雨や風など自然を表す語彙が多い（例：にわか雨、霧雨、雷雨、豪雨、夕立、五月雨、時雨…）、体の部分を表す語が英語と比べて大まかだ（手：hand / arm、足：foot / leg）などといった特徴もあります。

5-2. 語彙を学習するとは

　考えましょう

【質問58】
ある語を使えるようになるためには、その語に関してどのような知識を学習することが必要ですか。たとえば、「くる（来る）」について考えてみましょう。

　「くる」が使えるようになるためには、まず、どのような音か、どのように書くのかという**語形に関する知識**と、その語形が表す**意味に関する知識**が必要です。そして、文の中で使うときにどのようなルールがあるのか、という**文法に関する知識**も必要になります。たとえば、活用の仕方、他動詞ではなく自動詞であるということ、

助詞は「へ」や「に」をとるということ、瞬間動詞であるということ（「来ている」は来る途中ではなく、もう着いてそこにいる状態をさすということ）などのことです。

それから、5-1の④で見たような、どのようなときにだれが使うのかという**使い分けに関する知識**も必要です。たとえば、敬語を使用しなければならない場面では「いらっしゃる」「参る」などと使い分けがあるということ、一般的な話しことばや書きことばで広く使われるが、新聞や公文書などの硬い文章では別の語が選ばれることが多いということなどです。

また、意味といっても、「友だちが家に来る」「電車が来る」のように、人や物の移動を表すという中心的な意味ばかりでなく、「春が来る」「鼻にツンとくる」「過労から来た病」のような使い方での意味や、類義語との違い（「行く」「訪れる」「着く」「近づく」などとの違い）など、幅広い知識があります。「くる」を使いこなすためには、このような**意味に関する幅広い知識**も必要になってきます。

そのほかにも、意味に関する知識には、次のようなものも含まれます。

【質問59】

次の問題は、人の性格を表すさまざまな語をあげて、それが肯定的な意味を持つか、否定的な意味を持つかを考えさせる問題です。この問題をやってみましょう。そして、ほかの人の答えと比べてみてください。どのようなことがわかりますか。

肯定的な意味だと思うものに「＋」、否定的な意味だと思うものに「－」、どちらとも言えないと思うものに「？」を書き入れてください。

やさしい（　）	明るい（　）	おとなしい（　）
我慢強い（　）	物静か（　）	無口（　）
神経質（　）	社交的（　）	努力家（　）
気難しい（　）	温厚（　）	前向きな（　）
だらしない（　）	わがまま（　）	おおざっぱ（　）
おしゃべり（　）	負けず嫌い（　）	

『J. Bridge 新装版』（凡人社）p.24 を利用して作成

「やさしい」「明るい」「我慢強い」などは肯定的、「気難しい」「だらしない」「わがまま」などは否定的と答えた人が多かったのではないでしょうか。このように、語の中には、肯定的か否定的かということが、意味に含まれるものがあります。「にぎやか」と「うるさい」、「親切」と「おせっかい」のように、同じ状態をさしていても、肯定的か否定的かという違いで使い分けのある語もあります。一方で、肯定的でも否定的でもないものや、人によって感じ方に差のあるものもあります。

さらに、ある語を適切に使うためには、次のような知識も必要です。

【質問60】　　　　　　　　　　　　　　　　→＜解答・解説編へ＞
次の文の下線の部分は日本語として不自然な感じがします。なぜでしょうか。
① 風邪にかかって、咳が止まりません。
② 深い希望があって、日本に来ました。

　ある語についての知識には、1つの語だけに注目した知識だけでなく、どの語とどの語が結びつきやすいか、どのような結びつきがより自然かという知識もあります。語と語の結びつきやすさを**コロケーション**と言いますが、このコロケーションに関する知識が不十分なとき、【質問60】のような文を作ってしまいます。

　ある語を使いこなせるようになるためには、このように、多くの知識が必要です。しかし、これらの知識は、新出語としてはじめて出会ったときに、すべて教えられるものでも、覚えられるものでもありません。語彙の学習は、最初に出会った1回で終わるのではなく、くり返しさまざまな文脈で出会いながら学習を重ね、知識を加えていくものだと考えます。一度の出会いで得られる知識はほんの一部に過ぎません。細かい意味のニュアンスや、場面による使い分け、そのほかのさまざまな知識は、実際のさまざまな使われ方や、ほかの語との関係の中で深められていきます。学習者は、はじめ、語の一部の知識しか持っていないので、誤用や不自然な使い方につながったり、その語を知っているつもりなのに文の意味がわからなかったりということが起こります。しかし、それは当然のことで、学習をくり返しながら深められ、だんだんと日本語母語話者の持つ知識に近づいていくと考えることができます。

　語彙学習には、このように、それぞれの語についてのさまざまな知識を増やして

いくという側面があります。そしてもう1つ、学習者が日本語を使う上で必要な語彙を増やしていくという側面もあります。次の章では、語彙をどのように教えればよいのか、学習者が自分で自分にとって必要な語を覚え、知識を深めていける力を身につけるために、教師にどのようなことができるのか具体的に考えていきます。

注

*1：『基礎日本語学習辞典』（国際交流基金）の見出し語は約 2,700 語、『みんなの日本語初級 I, II』（スリーエーネットワーク）の必修（新出）語彙は約 2,000 語となっています。

*2：擬声語は擬音語とも言います。

*3：一般的に、同じような意味のことばが、和語、漢語、外来語にある場合、和語は日常語的、漢語は文章語的、外来語は新語的と言われています。しかし、日常会話で漢語のほうをよく使う例もあり、一概には言えません。また、さし示しているものが異なることもあるので、それぞれの適切な使い方は、さまざまな文脈での使われ方を通して学んでいくことが必要です。

6 語彙の教え方

6-1. 語彙の導入

ふり返りましょう

【質問61】
第5章で、ある語を使いこなすためには、さまざまな知識が必要だということを見ました。みなさんは、普段の授業で、教科書に出てきた新出語を教えるとき、その語について何を教えていますか。

　新出語を導入するときには、まず語形を示し、その意味を教えるでしょう。そして、文法的な機能や、その他のさまざまな知識を、そのときの必要に応じて教えていることと思います。
　みなさんは新出語の意味をどのように教えていますか。ここでは、意味の教え方を取り上げ、普段の日本語の授業で、新出語の意味をどのように教えたらいいか考えることにします。

(1) 意味の教え方

ふり返りましょう

【質問62】
授業の中で、学習者に新出語の意味をどのような手段で伝えていますか。たとえば、次の語は、ア〜エのどの方法で意味を教えますか。
〔　ゆかた・見合い・着る・コップ・散歩する・食器・有名・わくわく　〕

ア　母語の訳語（母語で対応する語）を与える
イ　実物、写真、絵、図表、ビデオ、動作などで示す
ウ　日本語で言い換える、日本語で説明をする
エ　その他

意味を伝える方法はいろいろあり、同じ教師でも、語によって教え方を変えたり、方法を組み合わせたりしていると思います。ア〜ウの方法の特徴を考えてみましょう。

ア 母語の訳語を与える

母語の習得がまだ終わっていない幼い子どもを除けば、母語の訳語は意味を知る上で大変役に立つ情報です。適当な訳語があれば、意味についても使い方についても、かなり多くの情報を一瞬で教えることができます。授業中に教師が母語の訳語を言うこともあれば、語彙リストの訳語を参照させたり、母語との対訳辞書を引かせたりすることもあるでしょう。また、教師が学習者の母語がわからない場合は、英語などの媒介語で代用することもあります。

母語の訳語を与える方法は、時間をかけずに意味を教えることができ、非常に効率的な教え方だと言えます。しかし、長所ばかりではありません。

考えましょう

【質問63】
母語の訳語を与える方法の短所は何でしょうか。

母語に適当な訳語がない場合には、この方法が使えません。たとえば、「ゆかた」や「見合い」など、学習者の母語の文化の中に、そのようなもの自体や習慣がないと、それをさす語もありません。無理に似たような訳語を与えると、学習者が誤解する可能性もあります。

また、意味を教えるときに母語の訳語のみを与えると、日本語の語が、母語の語と1対1で対応していると思いこませてしまうこともあります。意味の近い訳語があっても、日本語と母語では、意味の範囲も使い方も、たいていは異なっています。

【質問64】
日本語の「着る」と、あなたの学習者の母語で「着る」に相当する語（例：英語での「wear」）の意味は同じですか。

英語の場合、「洋服」「くつ」「めがね」「イヤリング」などを身に付けるときに、「wear」という語が使えます。しかし、日本語では、「くつ」「めがね」「イヤリング」

のときは「着る」は使いません。つまり、「着る」の意味を、「wear」という訳語だけでは伝えきれません。訳語は便利である反面、日本語との意味や使い方の違いに注意を向けさせることも重要です。

> イ　実物、写真、絵、図表、ビデオ、動作などで示す

ふり返りましょう

【質問65】
「実物、写真、絵、図表、ビデオ、動作」などの視覚的な情報を使って意味を教えたことがありますか。どのような語を教えるときに何をどのように使いましたか。使ってどうでしたか。

　母語やそれ以外の媒介語が使えない教室の場合、これらの視覚的に示す方法は意味を伝える重要な手段の1つになります。母語などが使えるかどうかに関係なく、学習者の国にないものや、日本に特有なものの名前を教えるときにも効果的です。また、記憶に関する研究から、語を覚えるときに視覚的なイメージがあったほうが、記憶に残りやすいということがわかっています。
　では、視覚的な情報を使って教えるとき、どのようなことに注意しなければならないでしょうか。

考えましょう

【質問66】
次の語の意味を伝えるときの写真および絵として、次のものは適当だと思いますか。

「コップ」　　　　　　　　「散歩する」

「みんなの教材サイト」より

　一見、問題はなさそうに見えますが、「コップ」の場合、入れ物ではなく、中に入っているものの方に注目して、学習者は「水」という意味だと思うかもしれませ

ん。「散歩する」も、この絵を見て、「犬を飼う」という意味だと思うかもしれません。しかし、例文を同時に示せば、意味の理解を補うこともできます。たとえば、「コップの中に水があります。」「犬といっしょに公園を散歩します。」のような例文を示すことで、誤解を避けることができます。

　一方で、このように例文を示したとしても、「コップ」はガラス製のものだけをさすとか、取っ手（持ち手）が付いていないものだけをさす、あるいは、飲み物を飲むときに使う食器一般と理解する可能性もあります。視覚情報や教材を選ぶときは、学習者がどのような点に注目するかよく考えて、必要に応じて例文を示したり、複数の写真を見せるなどの注意が必要です。

やってみましょう

【質問67】　　　　　　　　　　　　　　　　　　→＜解答・解説編へ＞

最近は、インターネットで検索して、授業で使う写真や絵（イラスト）を手軽に入手できるようになりました。次の語を教えるときに使える視覚素材を、ウェブサイトから探してみましょう。そして、その視覚素材を学習者に見せたときに、誤解する可能性はないかという観点から、どのように使えばいいかまわりの人と話し合ってみましょう。

〔　薬　悪い　走る　ゆかた　ウロウロ　〕

ウ　日本語で言い換える、日本語で説明をする

考えましょう

【質問68】

語の意味を教えるときに、母語を使わないで、日本語で言い換えたり日本語で説明をすることの長所は何でしょうか。

　まず、学習者が日本語に触れる時間を増やすことがあげられます。それから、語の意味の説明を聞いて理解するということ自体が、実際のコミュニケーション活動であり、現実のコミュニケーションにおいて役立つ技能の練習にもなります。知らないことばや新しいことば、専門用語などの意味を相手にたずねたり、説明したり

することは、日常生活でもよくあることです。そのときに使う表現を学ぶ機会にもなります。

【質問69】
次の語の意味の説明方法を考えてみましょう。日本語でどのように説明しますか。
〔 食器　有名　わくわく　女性　熱い 〕

　日本語で意味を説明する方法には、さまざまなものがあり、表現もいろいろあります。

　①定義する
　・「食器」とは、食べるときに使う道具のことです。
　・ある人や物を、たくさんの人が知っていることを「有名だ」と言います。
　・「わくわく」というのは、期待で気持ちが落ち着かない様子を表すことばです。
　②似たことばで言い換える
　・「女性」とは女の人のことです。
　③反対のことばを示す
　・「熱い」は、冷たいの反対です。

　しかし、これだけではやはり、意味を誤解してしまうこともあります。「食器」が食べるときに使う道具の総称ではなく、特定の食器、たとえば皿のことだと理解してしまうかもしれません。同じように「有名」は「人気がある」や「ありふれた」というような意味と思うかもしれません。意味を日本語だけで定義して説明するのには限界があります。例をあげたり、具体的な状況を説明したり、例文を示したりして説明を補うといいでしょう。

　④例をあげる
　・「食器」とは、食べるときに使う皿、茶碗、コップ、はし、スプーンなどのことです。
　⑤具体的な状況を説明する、例文を示す
　・私は海外旅行に行きたいとずっと思っていました。実は、明日からはじめての海外旅行に行くのです。きれいな景色を見たい、きれいなビーチで泳ぎたい、おいしいものを食べたい…。明日から海外旅行に行けるので「わくわく」しています。今日は「わくわく」して眠れないかもしれません。

さらに、その状況を示すような絵などがあると、もっとわかりやすくなります。

『絵で学ぶ擬音語・擬態語カード』
(スリーエーネットワーク) p.10より

印象的でわかりやすい例文は、次にその語と出会ったときに、意味を思い出す手がかりになることもあります。

　以上のように、語の意味の伝え方にはさまざまあり、どう教えればわかりやすいか、授業で優先したいことは何かを考え、方法を決めるとよいでしょう。
　しかし、これまで見てきたように、いくら教師が教え方を工夫してもすべての学習者が、教師の意図した通りに理解するとは限りません。意味を理解しにくい場合は、次の例のように、学習者に例をあげさせたり、文を作らせたりして、理解の確認をしましょう。すべての学習者が答えなくても、クラスで行うことで、ほかの学習者も理解の確認ができます。

　例)
　・うちにどんな「食器」がありますか。
　・世界には、どんな「有名」な観光地がありますか。
　・どんなとき、「わくわく」しますか。

　そして、はじめから日本語として完全な意味を理解させようと思わないことも大切です。母語との違いやほかの語との違いを一度に説明するのは困難ですし、その時の学習者にとってその知識が本当に必要な知識とは限りません。はじめの導入のときは、できるだけ簡潔にしたほうが、学習者の負担も軽くなり、記憶しやすくなります。多少、母語の影響が残っていても、思っている意味がずれていても、その語との次の出会いのときや、ほかの語を習うときに、新しい知識を加えてだんだんと修正していけばいいのです。

(2) 意味の推測

新出語を導入するときに、すぐに意味を教えるのではなく、まず学習者に意味を考えさせ、そのあとで正しい意味を教えるという方法もあります。

たとえば、授業の中で次の文が出てきたときに、学習者にとって「視力」が新出語だとします。そのときに、「視力」の意味を、母語で言ったり説明したりしてすぐに与えるのではなく、まず、どういう意味か学習者に考えさせます。

> 子どものころから目はいいほうで、めがねをかけたことはなかった。しかし、3年ぐらい前から急に視力が低下してきて、生活にも困るようになり、とうとうめがねを作ることになった。

考えましょう

【質問 70】
上の文で、何を手がかりに「視力」の意味を推測できると思いますか。ただし、視力以外のものはすべて理解できるものとします。

まず、「視力」という**語形**が手がかりになります。「視」と「力」という漢字の意味を知っていると、「見る力」「見る能力」と推測できるでしょう。一方で、「視力」が使われている**文脈**も手がかりになります。周辺の文から「以前は目がよかった。しかし、今は生活に困るようになった。」「何が低下すると、めがねを作ることになるか?」など考え、そこから、「視力」の意味を推測してみることが可能です。

このように、学習者は、語形と文脈の両方から意味を推測し、推測した意味をもとの文章に当てはめて意味が通るかどうか確認し、意味が通らないようならもう一度別の可能性を考えて推測をやり直す、というプロセスをくり返して意味推測をします。しかし、推測した意味がまちがっているかもしれませんし、正しいとしても、それが正しいと確認されなければ記憶に残りにくいので、授業では必ず、意味推測をさせた後に正しい意味を伝える必要があります。

【質問71】

新出語の意味を、学習者に推測をさせてから教える方法は、どのような長所がありますか。

　学習者はその語について深く考えるので、記憶に残りやすくなります。さらに、意味推測を授業で経験することで、意味推測のための知識と方法を身につけることもできます。意味推測は、実際の日本語使用において重要な技能です。

　では、このように新出語の意味を推測させる方法を、普段の授業にどのように取り入れたらいいのか考えてみましょう。まず、意味を推測させる語は、ある程度、推測が可能なものであることが必要です。

【質問72】

次の語のうち意味推測がしやすい語はどれですか。
〔　温暖化　　走り出す　　支度　　あわてる　〕

　語形は意味推測の大きな手がかりになります。「温暖化」と「走り出す」は、それに含まれる漢字の知識や、「〜化」「〜出す」といった、意味や機能を加える部分の知識があれば、語形からだけでもある程度の推測が可能です。しかし、「走り出す」の「〜出す」が「始める」の意味か、「外への移動」の意味かは、語形だけではなかなか決められません。文脈があれば、推測がより確実になるでしょう。
　一方、「支度」や「あわてる」は、語形からだけでは正しい意味を推測することはできません。しかし、次の例文のようなわかりやすい文脈があれば、ある程度の推測が可能になります。

・私の家では、食事の支度は母がするが、食後の片付けは子どもたちがすることになっている。

・電車の中で眠ってしまった。目が覚めたら電車は見慣れない風景の中を走っていた。今日は大事な試験がある。あわてて次の駅で飛び降りたら、かばんを電車の中に置き忘れてしまった。

新出語の導入として意味推測をさせる場合は、語形から推測が可能なものでも不可能なものでも必ず文脈の中で提示して、さまざまな手がかりを使った推測をさせるようにしましょう。そして、学習者同士で、どのように推測をしたのか、手がかりやプロセスを話し合わせます。教師は、必要に応じて語形に関する知識を与えるとよいでしょう。また、正しい意味は、最後に教師が教えるだけでなく、学習者に辞書で調べさせると、別の文脈（例文）や別の意味を見つけることになり、理解がさらに深まります。

　新出語の意味を推測させる活動は、読解や聴解の授業でも行うことができます。読解や聴解の力をつけるためには、わからない語が多少あっても、それを推測したり、無視したりして、全体の内容を理解しようとすることが重要です。たくさんの語彙や文型、表現を導入することが目的の読解や聴解ではなく、文章の内容理解に重点を置いた読解、聴解の授業では、読んだり聞いたりしながら新出語の意味を推測させる活動を、積極的に取り入れるとよいでしょう（*1）。

考えましょう

【質問73】

読解や聴解の本文に含まれる新出語のうち、意味推測の活動を授業で取り上げるとよい語は、次のどれだと思いますか。
　a. 内容の理解に重要で、語形や文脈からの推測が難しい語
　b. 内容の理解に重要で、語形や文脈からの推測が可能な語
　c. 内容の理解に重要ではないが、学習者が覚えておいたほうがいい語
　d. 内容の理解に重要ではなく、学習者が覚える必要のない語

　読解や聴解の授業をする前に、教師は新出語彙の扱いを決める必要があります。ここでは、図11のように4つに分けて考えてみましょう。

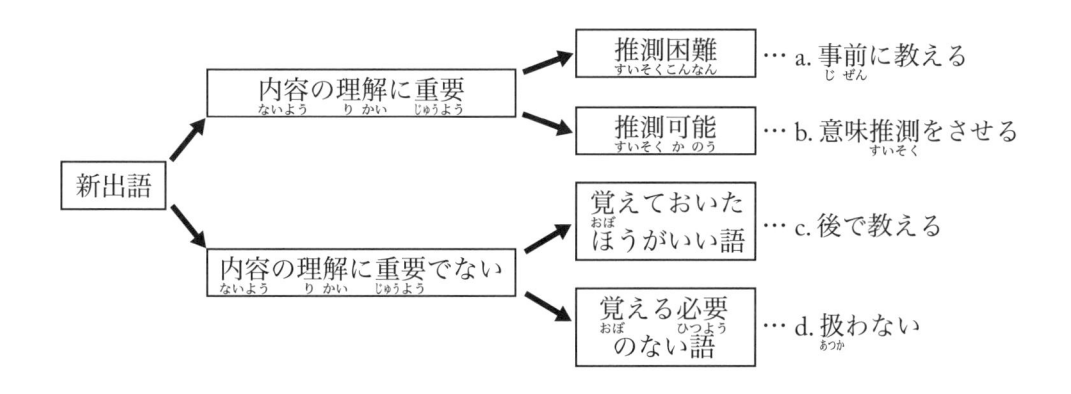

```
                          ┌─ 推測困難 ……… a. 事前に教える
           ┌─ 内容の理解に重要 ─┤
           │              └─ 推測可能 ……… b. 意味推測をさせる
新出語 ──┤
           │                 ┌─ 覚えておいた
           └─ 内容の理解に重要でない ─┤    ほうがいい語 ……… c. 後で教える
                              │
                              └─ 覚える必要
                                 のない語 ……… d. 扱わない
```

図11：新出語の扱い

　内容の理解に重要で、推測が難しい新出語（a）は、読んだり聞いたりする前に導入します。それ以外の語は、前もって教えずに学習者に読解や聴解に取り組ませます（*2）。学習者は、知らない語がいくつかある中で、全体の理解を試みることになりますが、知らない語でも内容理解のために重要な語は、語形や文脈を手がかりに、何とか意味推測をすることになります（b）。これらの語は学習者が正しく推測できたか、後で意味を確認する必要がありますが、そのときに、「視力はどういう意味ですか。」という直接的な聞き方ではなく、「どうしてめがねを作ることになったのですか。」という内容を聞くような質問をして、意味に注目させる方法もあります。

　なお、内容の理解に重要でない新出語については、その語が覚えたほうがいい語（c）であれば、読んだり聞いたりした後に意味を教えます。そうでなければ、必ずしも取り上げる必要はありません（d）。わからない語があっても全体を理解しようとする読解や聴解のスキルを身につけるためには、全体の内容理解に重要でない語は無視するというストラテジーも大切なので、そういった語には注目させないという考え方もあります。

6-2. 語彙の練習

(1) 語彙のいろいろな練習

ふり返りましょう

【質問74】

自分自身の外国語学習経験を思い出してください。語彙を覚えるために、どのようなことをしたか思いつくだけあげてください。どのような学習方法が好きでしたか。ほかの人の考えも聞いてみましょう。

覚えるためにさまざまな工夫をして、語彙を学習してきたと思います。その中でも、語彙リストや単語カードを作って、語形と意味をくり返し確認して記憶したという人も多いのではないでしょうか。1つ1つの語を覚えることは、語彙の学習において重要なことです。語彙リストや単語カードを使って、くり返し記憶を確かめながら暗記するという学習方法は、覚えたい語を語形と意味との結びつきに限って集中して学習するため、短い時間にたくさんの語を覚えることができる効率的な方法です。また、学習者が自分のペースで学習できるので、学習者が個別に行える学習としても向いています。しかし短所もあります。

単語カード

考えましょう

【質問75】

語彙リストや単語カードを使って、くり返し記憶を確かめながら暗記する学習の短所は何でしょうか。

くり返しによる暗記は集中力と継続が必要で、学習者にとってあまり楽しい学習方法ではなく、積極的に取り組めない人もいます。また、いったん覚えても、その後出会う機会がなければ忘れてしまうとか、実際に使えるようにならないといった指摘もあります。それに、この方法では意味や使い方に関する新しい知識を深めることはできません。

暗記だけに頼るのではなく、さまざまな学習方法を体験することは、学習者が自分に合った方法を見つけ、語彙の学習を自分で続け、語彙を増やし知識を深めることにも役立ちます。

学習者の学習意欲を下げないで、語彙をできるだけ記憶に残りやすいように覚え、忘れないようにするためには、どのような練習をすることができるでしょうか。学習者が語彙に関する知識を深め、適切に使えるようにするためには、どのような練習ができるでしょうか。ここでは次の4つに分けて考えていきます。

ア　習った語を覚える
イ　習った語を使って文を作る
ウ　語彙を整理して覚える
エ　語彙の知識を深める

ア　習った語を覚える

　初級のはじめのほうのクラスでは、ゲームを通して、習った語とあきずに楽しくくり返し出会う機会を作ることができるでしょう。たとえば、習った語を1つずつ書いたカードを机の上に並べ、教師が母語で意味を言い、その意味の語が書かれたカードを学習者が取るという「かるたとり」のような練習（練習A-1）や、クロスワード（A-2）、ビンゴゲームを応用した練習（A-3）をすることができます。

練習 A

1. かるたとり

2. クロスワード

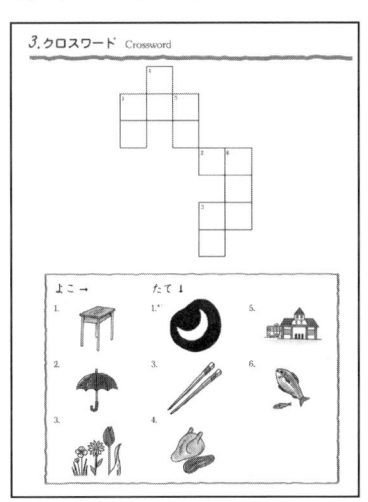

2：『JAPANESE FOR YOUNG PEOPLE Ⅰ Kana Workbook』
（講談社インターナショナル）p.19より

3. 単語ビンゴ

> 手順：
> 1. 学習者は、自分のノートに、3×3のますを書きます。
> 2. 教師が9つの既習語を黒板に書き、学習者は、ますの好きなところに1語ずつ書きこみます。
> 3. 教師が母語で意味を言い、学習者はその意味の語に○をつけます。縦、横、斜めいずれか1列ができたら「ビンゴ」と言います。

例)
れい

たべます	かいます	のみます
いきます	みます	やすみます
します	ききます	かきます

(たべます、いきます、ききます are circled)

4. ビンゴになった学習者は、1列に並んだ語の発音と意味を言い、クラスで正しいか確認します。

応用：
・3×3ではなく、4×4のますで行う。
・手順の3で、教師が意味を言うのではなく、学習者が言う。
・手順の3で、母語で意味を言うのではなく、イラストで示す。

考えましょう

【質問76】
次の練習BとCは、練習Aの活動と比べて、どのような違いがありますか。

練習B：スリーヒントゲーム

手順：
1. 既習語（名詞）が1つずつ書いてあるカードを数枚用意します。
2. ほかの学習者に見えないように、1人の学習者にそのカードを渡します。
3. カードを見た学習者は、その語を当てるためのヒントを3つ考え、ヒントをほかの学習者の前で発表します。
4. 答えがわかった学習者は、手をあげて答えます。

例1) A：本がたくさんあります。勉強ができます。学生がたくさんいます。
　　 B：教室ですか。
　　 A：ちがいます。
　　 C：図書館ですか。
　　 A：はい、そうです。

応用：ヒントを文ではなく、関係のあることばで出す。
　　例2)　A：魚、川、趣味。
　　　　　B：つりですか。
　　　　　A：はい、そうです。

練習C：単語マッチング

手順：
1. 下の図のように、ボードに書いてある語の上に、その語と関係の深い語が書いてあるカードを1枚ずつ置いていきます。
2. カードを全部置き終わったら、上に置いたカードを1枚ずつ裏返します。裏返すときに、上下が反対にならないようにします。1つの絵としてつながっていれば正解です。

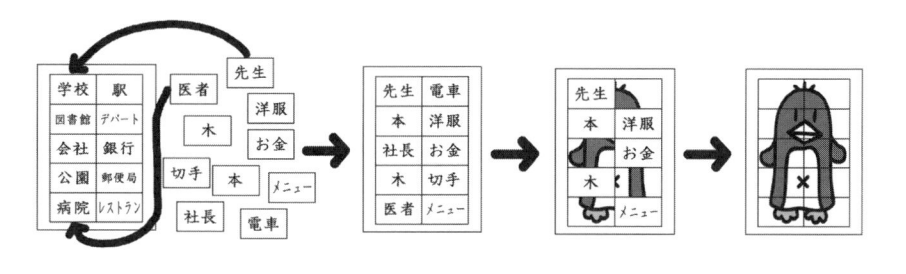

　練習Aは、語形と意味を単純に結びつける活動で、1つの語に対して1つの意味を覚える練習です。一方、練習BやCは、もっと広い範囲で意味をとらえて、条件に合う語を考えたり、語同士の関係性などを考えたり、意味について深く考える活動になっています。これらの練習のほうが複雑で頭を使いますが、その分、記憶にも残りやすく、おもしろいと感じる学習者も多いでしょう。
　そのほかに次のような練習もあります。これらを参考に、自分のクラスに合わせて作り、普段の授業に取り入れてみるとよいでしょう。

やってみましょう

【質問77】
次の練習D、Eをやってみましょう。同じような形式で、自分のクラスに合わせた語彙の練習を考えてください。

練習D：仲間はずれ

同じ仲間ではない語はどれですか。理由も答えてください。
　例）ロンドン、東京、ニューヨーク、モスクワ、パリ
　　→ニューヨークです。首都ではありません。
　　→東京です。カタカナではありません。
1. 妻、母、父、兄、町、妹
2. 暑い、いい、寒い、すずしい、暖かい
3. 晴れ、くもり、雨、高い、雪
4. 北、南、風、東、西
5. バスケットボール、バレーボール、マラソン、サッカー、ゴルフ

『Yookoso! an Invitation to Contemporary Japanese』（McGraw-Hill）p.476 を利用して作成

練習E：リストアップ

次の1～8の条件にあてはまる職業を、a～nの中から選んでください。
1. いろいろな国へ行ける仕事
2. 有名人に会える仕事
3. 自分のうちで働ける仕事
4. おいしいものが食べられる仕事
5. お金持ちになれる仕事
6. 困っている人を助けられる仕事
7. たくさんの人と話せる仕事
8. 自分の趣味を生かせる仕事

a. 医者　b. 外交官　c. 建築家　d. 作家　e. シェフ　f. 政治家　g. 弁護士
h. 教師　i. 警察官　j. パイロット　k. ピアニスト　l. デザイナー
m. スポーツ選手　n. ジャーナリスト

『J. Bridge for Beginners Vol.2』（凡人社）p.68 を利用して作成

　ここまで紹介した練習A～Eは、語のレベルで行う練習です。しかし、語は単独で使われると言うよりは、文の中で使われるものです。次に、文脈を伴った語の練習方法について考えてみましょう。

考えましょう

【質問 78】
次の練習をやってみましょう。文脈のない練習と比べて、どのような点が違いますか。

練習 F：穴埋め

> ◯から動詞を選んで適当な形にして（　）に入れなさい。
> 同じ動詞を何度使ってもいいです。
> ① 7時過ぎに会社に（　　　）と、まだ同僚が（　　　）仕事をしていた。みんな5時に仕事を（　　　）帰れないんだなあ、日本のサラリーマンだなあと思ってしまった。
> ② 冷蔵庫に（　　　）いるもので、何かかんたんに食事が（　　　）かどうか考えた。でも、冷蔵庫を開けると、中の肉も野菜も全部（　　　）いた。
>
> > もどる　くさる　やめる　できる　のこる

『どんどん身につく動詞（初・中級）』（専門教育出版）p.88 より

練習 G：文つなぎ

> Aの文の続きの文を、Bの中から選んでください。
> A
> > ① 家や車など高いものを買うときは、
> > ② 仕事やアルバイトをすると、
> > ③ 学校へ行きたくてもお金がなかったら、
> > ④ 銀行で外国にお金を送るとき、
> > ⑤ うちの子はよく食べるので、
> > ⑥ 夏はエアコンを使うので、

> B
> a. 食費がとてもかかります。
> b. 給料をもらえます。
> c. 電気代がいつもより多くかかります。
> d. 手数料がかかります。
> e. 最初に頭金を払います。
> f. 奨学金をもらえます。
>
> 『漢字・語彙が弱いあなたへ』（凡人社）p.46 を利用して作成

※ 解答は**解答・解説編**を参照

　文脈を伴う練習は、語の意味だけを考えるのではなく、文全体の意味を考えなければならないので、実際の言語使用に近いと言えます。また、教科書で出てきた例文と違う文脈であれば、その語の意味や使い方について知識を深めることにつながります。

　文脈を伴う練習としては、学習者が学習した語を使って文を作るという活動があります。次に、この活動について見ていきましょう。

イ　習った語を使って文を作る

　学習者にとって、習った語を使って文を作ってみる練習は、実際の言語使用に近いだけでなく、意味や使い方を正しく理解しているかどうかというフィードバックを得られる機会として重要です。もし日本語として不適切であれば、訂正を受けることで、知識を修正することができます。文を作るのは、話す、書くのどちらでも可能ですが、ここでは、フィードバックのしやすい「書く」を中心に考えてみましょう。

考えましょう

【質問 79】

習った語を使って文を作らせるには、どのようにしたらいいでしょうか。次の4つの練習方法は、どのような点で違いますか。

> a. 次の文を日本語の文にしてください。
> 　　I regret telling you the truth.　（学習者の母語で文を示す。）

| b. | 次の語を使って短い文を作ってください。＜後悔する＞ |

| c. | 下線の部分をおぎなって、文を完成させてください。
1) 後で後悔しないように、＿＿＿＿＿＿＿＿＿＿＿＿＿＿＿＿＿＿＿＿＿＿＿＿＿＿。
2) ＿＿＿＿＿＿＿＿＿＿＿＿＿＿＿＿＿＿＿＿＿を後悔してもしかたがない。
3) 今、＿＿＿＿＿＿＿＿＿＿＿＿＿＿＿＿ないと、きっと後悔すると思う。 |

| d. | 最近、どんなことで後悔しましたか。
その体験を「後悔する」を使って、短い文章で書いてください。 |

　aのように、学習者の母語の文を日本語に翻訳する練習は、母語と日本語の意味や使い方、文法の違いに気づく機会になることもありますが、学習者が日本語の文を作るときに、母語で文を考え、それを一語一語翻訳して日本語の文にする習慣をつけてしまう可能性があります。bでは、学習者によっては作りたい文がすぐには思いつかないことや、「昨日、私は後悔しました。」のように、意味や使い方を正しく理解しているのかどうか判断できない文を作ってしまうこともあります。cのように、練習させたい語を含んだ文の前半や一部を与え、文全体を完成させる方法なら、学習者は考えやすく、日本語としてよく使う表現（文の一部として与えた部分）といっしょに覚えることもできます。また、自分の体験を書かせるdでは、自分にかかわりのある語として、記憶にも残りやすくなります。

【質問80】

次のeの練習は、【質問79】のb〜dの練習と、どのような点が違いますか。

| e. | 最近、病院に行ったときのことを思い出してください。
そのときの経験を4、5文ぐらいで書いてください。 |

　ある語が使えるということは、自分の述べたいことを述べるときに、自分の知っている語の中から適切な語を選択できるということです。b〜dは、与えられた語を使って文を作る練習ですが、eは学習者が自分で使いたい語を（頭の中で）選ぶという作業をさせています。このように、練習させる語を「病院に関係のある語彙」「服装に関する語彙」「人の性格を表す語彙」のように、意味的なまとまりやトピッ

クでとらえ、その中で、適切に語を選択して使うような練習をすることもできます。
　このような練習は、次のようにクラス全体で行うこともできます。

手順：
1. 服装や外見（背が高いなど）に関する語や表現にどのようなものがあるか学習者にあげさせ、確認します。
2. 学習者をペアにして、ペアの相手について服装や外見を描写する文を3、4文作り、配った白い紙に書くように言います。そのとき、だれのことか名前を書いておきます。

> ・あまりせが高くありません。
> ・白いセーターを着て、黒いズボンをはいています。
> ・まゆ毛が太いです。
> ・かみは茶色です。
>
> 　この人はポンさんです。

3. ペアでお互いに書いた文を見せ合い、語の使い方が適切か確認し、必要なら直します。
4. クラス全員の紙を集め、教師または学習者の1人が1枚ずつ読みあげます。このとき、だれのことか名前は言いません。
5. どの学習者のことを説明した文か、わかった学習者は手をあげて答えます。
6. 紙を読んだ人は正しいかどうか言います。

　これらの練習では、実際にそれぞれの学習者が使う語は限られていますが、学習者同士で書いた文を見せ合い、正しく語彙が使えているか確認させることで、練習させたい語のまとまりの中のさまざまな語について考えることができます。

　次に、さらに実際の使用に結びつけるような活動について考えてみましょう。

【質問81】
中級以上の読解や聴解の授業で学習した語を、できるだけ使わせるには、どのような活動ができますか。

たとえば、次のような活動を行うことで、読解や聴解の本文に含まれる語を、目的のある自然な状況で使う練習ができます。
・読解文の要約
・再話（聞いた内容について、要点やあらすじを話す活動）
・読解や聴解のテーマに関連したディスカッション
・読解や聴解のテーマに関連した課題を、学習者同士で達成する活動（例：環境問題に関するビデオを見た後に、地球を環境破壊から守るキャンペーンのポスターを作る。教育に関する文章を読んだ後に、理想の学校を考える。）

　これらの活動で、新出語や授業で特に取り上げた語のすべてを使うとは限りませんが、その中のいくつかは使う可能性があります。このような活動は、語彙の練習のためだけに行うものではありませんが、教師は語彙学習の観点を意識して、授業の計画を立てるようにしましょう(*3)。

ウ　語彙を整理して覚える

　学習が進み語彙が増えてきたら、バラバラに覚えてきた語を、学習者が整理して覚え直す活動を取り入れ、記憶を確かにしたり、関係のある別の語を覚えやすくしたり、関係のある語をすぐに思い出せるようにしたりするとよいでしょう。整理する方法には、何か共通するグループでまとめて整理するという方法があります。

考えましょう

【質問82】　　　　　　　　　　　　　　　　　　→＜解答・解説編へ＞
次の語はどのようなグループでまとめることができますか。表の空欄をうめてください。同じ語を何度使ってもいいです。また、ほかの整理の仕方があったら⑥に書いてください。

足	頭	医者	痛い	うれしい	起きる	悲しい
完成	薬	失敗	成功	成長	せき（咳）	
楽しい	手	ドキドキ	治る	熱	寝る	病院

グループ	語の例
①体の部分に関係する語	手、足、頭
②反対の意味を表す語のペア	
③	うれしい、悲しい、楽しい、ドキドキ
④	完成、成功、成長
⑤動詞	
⑥	

　記憶に関する研究によると、語彙は、1つ1つの語が単独で蓄えられているのではなく、頭の中で、語同士がさまざまな関連性で結びついて、ネットワークを形成して蓄えられていると考えられています。市販の語彙教材には、トピックなどで語彙をまとめているものがありますが、このような教材は、語彙を整理しながら、複数の語を関連づけて覚えること促していると言えます。

　そのほかに、学習者がすでに知っている語をさまざまな関連づけでとらえ直し、記憶を促進しようとする活動に、「語彙マップ」を作成するという活動があります。次の図は、「学校」を中心に、連想される語を次々にあげていった語彙マップの例です。

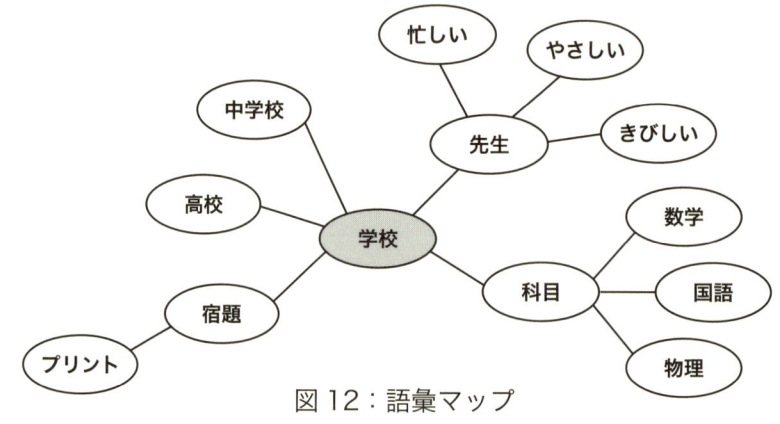

図12：語彙マップ

　どのような語を連想するかは、多くの人が同じように連想するものと、個人的な経験や感覚に基づくものがあります。この活動での連想は個人的なもので構いませ

ん。このように、語彙マップを作成することを通して、知っている語を思い出し、さまざまな関連性で別の知っている語に結びつけて記憶し直すことに意義があります。

　授業などで習った語がある程度の量に達したら、このような活動を授業に取り入れてみることができます。語彙マップを作成しながら、記憶が薄れかけている語を思い出したり、調べ直したり、似ている語同士の違いについて考えたりするきっかけになります。

やってみましょう

【質問83】
「旅行」という語を中心に、語彙マップを作ってください。

　語彙マップを作成する活動は、授業で扱う読解や聴解のトピックと関連づけて行ってもいいでしょう。たとえば、読んだり聞いたりする前に語彙マップを作成すれば、内容を理解するための準備（語彙の確認や、背景知識の活性化）が行えます。また、読んだり聞いたりした後に行えば、本文に出てきた語彙を確認し、整理して覚える活動になります。さらに、作った語彙マップをもとに作文をすれば、語を使って文を作る練習にも、扱ったトピックについてまとめたり、経験を述べたり、意見を述べる練習にもなります。

考えましょう

【質問84】
学習者がそれぞれ作った語彙マップを、学習者同士で見せ合うと、どのような効果があると思いますか。

　ほかの人の語彙マップは、中心の語が同じでも、自分とは異なる語が異なる連想で結びつけられています。自分が知らなかったり、忘れかけていた語に出会うチャンスになるかもしれません。また、知っている語でも、ほかの人がどうしてそのような連想をしたかを聞くことで、意味について深く考えたり、語と語の新たな関連づけが行われたりして記憶が強められます。

エ　語彙の知識を深める

語彙学習では、知っている語、使える語を増やすだけでなく、語彙に関するさまざまな知識を深めていくことも重要です。

考えましょう

【質問85】
次の練習は、語彙のどのような知識を深めることに役立ちますか。

下線部と同じ意味の動詞を□から選び、その記号を（　）に入れなさい。
① 来年学校を出たら、就職します。（　）
② 彼女の乗った列車が出て行った。（　）
③ この道を行くと駅に出ます。（　）
④ 彼はもう何冊も本を出している。（　）
⑤ 会議に出る前に書類を読んだ。（　）
⑥ ごみを出してから会社に行った。（　）

a. 出発する	b. 移動させる	c. 卒業する
d. 出版する	e. 達する	f. 出席する

『どんどん身につく動詞（初・中級）』（専門教育出版）p.51 より

※ 解答は解答・解説編を参照

初級で習うような基本的な語彙の中には、この例のように意味や使い方がいくつもあるもの（多義語）があります。このような練習をすることで、いろいろな意味や使い方を意識的に整理することができます。

このような練習とあわせて、知っていると思っている語でも、意味がよくわからない場合には辞書をくり返し引くようにすることも重要です。辞書を何度も見ることで、その語に関するさまざまな知識が整理され、深まっていきます。

しかし、使い方に関する知識には、辞書にはっきりと書かれていない情報もあり、授業で意識的に学ばないと気づきにくいものもあります。

【質問86】

次の練習は、語彙のどのような知識を深めることに役立ちますか。

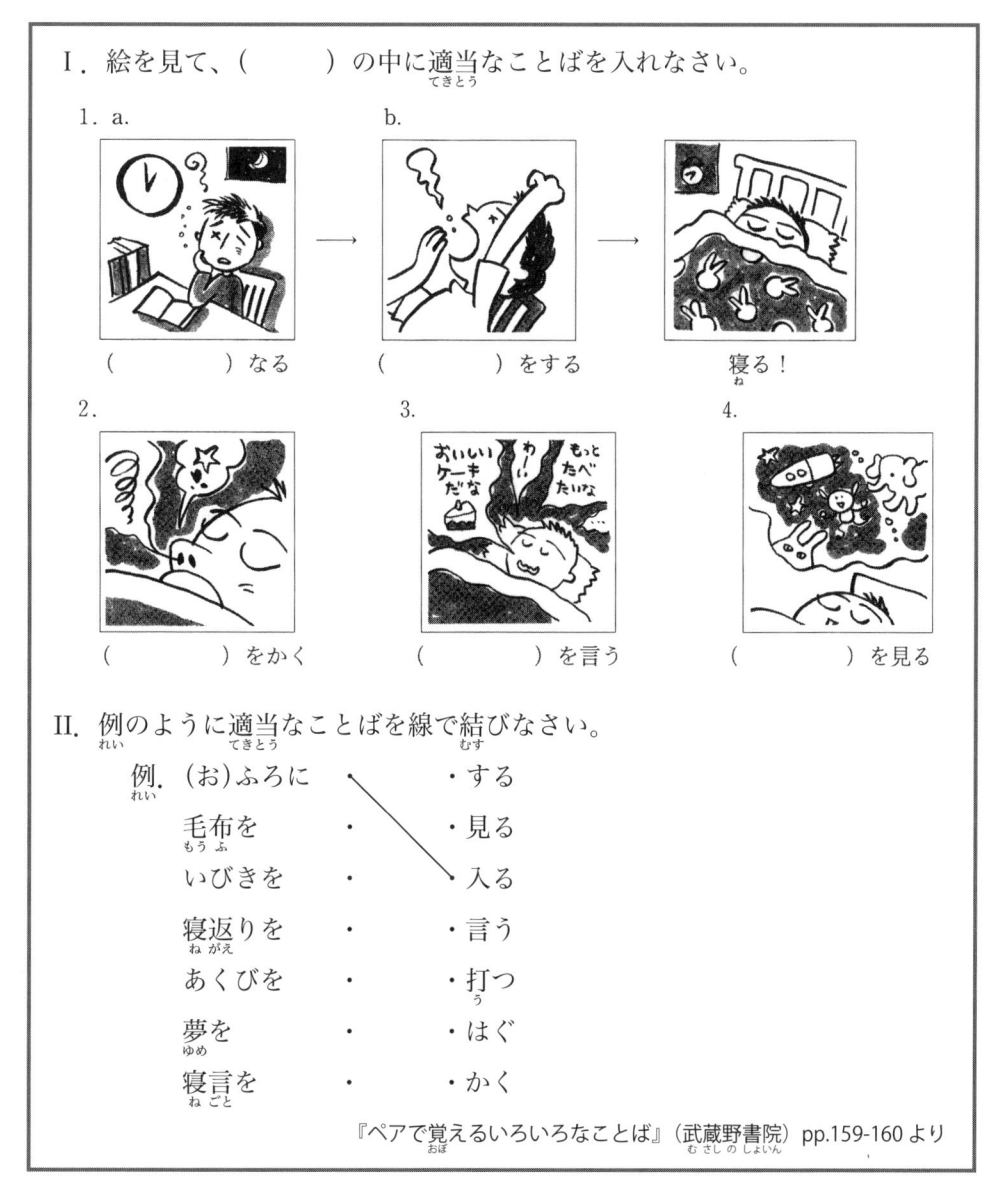

Ⅰ．絵を見て、（　　）の中に適当なことばを入れなさい。

1. a.　（　　　　）なる　　　b.（　　　　）をする　　　寝る！

2. （　　　　）をかく

3. （　　　　）を言う

4. （　　　　）を見る

Ⅱ．例のように適当なことばを線で結びなさい。

例．（お）ふろに　　・　　・する
　　毛布を　　　　・　　・見る
　　いびきを　　　・　　・入る
　　寝返りを　　　・　　・言う
　　あくびを　　　・　　・打つ
　　夢を　　　　　・　　・はぐ
　　寝言を　　　　・　　・かく

『ペアで覚えるいろいろなことば』（武蔵野書院）pp.159-160 より

※ 解答は**解答・解説編**を参照

「5-2. 語彙を学習するとは」でもふれましたが、どのような語といっしょに使うか、というコロケーションに関する知識も重要な知識です。たとえば、日本語では「おふろに入る」とは言いますが、「おふろをする」や「おふろをとる」とは言いません。「計画」は「立てる」もので、「作る」ものではありません。

コロケーションは、日本語らしい表現のために重要です。「影響を受ける」「興味を持つ」のように、聞いたり読んだりしたときの理解は簡単でも、使おうとしたと

きには、なかなかこの組み合わせで使えないということがあります。また、たとえば「今日は天気が暑いです」のように、学習者が母語での組み合わせを用いて文を作ることもあります。語彙学習には、このようなコロケーションを意識して覚えたり、日本語と母語との違いがあることに意識的になることが必要です。たとえば、次のような教材が参考になります。

- 『ペアで覚えるいろいろなことば』武蔵野書院
- 『コロケーションで増やす表現　ほんきの日本語』くろしお出版
- 『初級から中級への日本語ドリル＜語彙＞』The Japan Times
- 『日本語を磨こう』古今書院
- 『Common Japanese Collocations』講談社インターナショナル

次に、場面による使い分けの知識を深めることを考えましょう。場面による使い分けの知識は、たとえば相手や場面の異なる設定でのロールプレイを行うことで、確認したり、使う練習をすることができます。

やってみましょう

【質問87】　　　　　　　　　　　　　　　　→＜解答・解説編へ＞

次に2種類のロールプレイがあります。それぞれのAとBのロールカード（役割と課題の書いた紙）を読んで、どのような会話になるかやってみましょう。そして、使い分けのあった語を確認してください。

ロールプレイ1

A	B
あなたは、イロハ商事の社員です。新しい製品のカタログができたので、取引先のアイウ工業のBさんを訪問し、説明をしたいと思います。 　Bさんに電話をかけて、訪問するアポイントメントを取ってください。 　Bさんの都合を聞いて、訪問日、時間、場所を決めてください。	あなたはアイウ工業の社員です。取引先のイロハ商事のAさんから電話がかかってきました。Aさんの用件を聞いて、都合を言って日時を決めてください。

ロールプレイ2

A	B
あなたは旅行に行き、友だちのBさんにお土産を買ってきました。Bさんに電話をかけて、Bさんと会う約束をしてください。日時、場所を確認してください。	友だちのAさんから電話がかかってきました。Aさんの用件を聞いて、都合を言って日時を決めてください。

　ここまで、語彙を練習するさまざまな方法を見てきました。教師は、語彙学習を学習者の暗記に任せるのではなく、学習者の記憶が薄れる前にくり返し出会う機会を与え、意味のある活動、使えるようにする活動を積極的に授業に取り入れることで、学習者の語彙学習を支援することができます。
　次に、教科書数課分で習った新出語を、まとめて練習する実際の授業例を通して、それぞれの活動の意義を考えてみましょう。

(2) 語彙の学習に焦点を当てた授業例

考えましょう

【質問88】

次は、『みんなの日本語初級I』（スリーエーネットワーク）15～20課で新しく習った動詞を復習するために作った授業用ワークシートです。それまでの各課の授業で新出語が導入され、練習し、学習者はある程度覚えている段階を想定しています。このワークシートを見て、授業の流れを確認してください。そして、それぞれの活動の意義や目的を考えてください。

1. 次の3枚の写真を見てください。それぞれの人の日常生活に関係の深い動詞を2つ書いてください。となりの人とペアになって、お互いの答えを確認してください。

会社員：つよしさん	主婦：ようこさん	高校生：あさこさん
....	....	....
....	....	....

2. 次の動詞は、1の3人のうち、どの人の日常生活にもっとも関係が深いと思いますか。ペアで相談して分類してください。

そうじする　　残業する　　出張する　　洗う　　覚える
　　　　　　　ざんぎょう　　しゅっちょう　あら　　おぼ
返す　　　　心配する　　乗る　　　　入れる　払う
かえ　　　　　しんぱい　　　の　　　　　い　　　はら
歌う　　　　集める　　　捨てる　　　運転する　予約する
うた　　　　　あつ　　　　す　　　　　うんてん　　よやく
見学する　　練習する　　調べる　　　直す　　　電話する
けんがく　　　れんしゅう　しら　　　　なお　　　でんわ

つよしさん	ようこさん	あさこさん
	そうじする	

3. 自分自身の日常生活に関係の深い動詞を上の動詞から選んでください。

94

4. 3で選んだ動詞のうち3つを使って、自分の日常生活について説明する文章を書いてください。そして、グループで発表し合ってください。

写真：「みんなの教材サイト」より

　この授業例では、学習した動詞について、その語が使われる状況を思い浮かべたり、自分のことを説明する文章を作ったりなど、さまざまな活動を通して異なる文脈で何度も出会えるようにしています。

　1は、2以降の活動の準備段階です。会社員、主婦、高校生の日常生活について知っていることを思い浮かべると同時に、自分が知っている動詞も思い出し、引き出しやすい状態にしておくことが目的です。したがって、ここで学習者が答えた動詞が、2にあげられていないかもしれませんが、それは問題ではありません。

　2では、それぞれの動詞の意味を考えるだけでなく、その動詞を使って表される場面や状況も考えさせています。たとえば、「返す」の場合、学習者はそれぞれの人物の日常生活の中で返すという行為がどのような場面で行われるか考え、たとえば「高校生が図書館の本を返す」というような場面を思い浮かべます。ここでは、分類の正しい答えというものはないので、ペアで相談することを通して、動詞の意味や使われる場面をいろいろと考え、それぞれの動詞を含む文を言わせるようにもしています。

　3では、今度は自分にひきつけて考えさせています。同じように、それぞれの動詞を使って表される場面を考えますが、自分と関連のあることなので、記憶にも残りやすくなります。

　4では、実際に文として産出させています。正しく使う練習にもなっています。

【質問89】

この授業例では、ペアやグループで行う学習者同士の活動が多く取り入れられています。学習者同士で行うことはどのような効果があるでしょうか。

　たとえば、これらの活動をすべて「個人→クラス全体」で行った場合、すべての

学習者の答えや考えを確認することはできないので、学習者は自分の答えが正しいのかのフィードバックが十分に得られません。しかし、学習者同士で行うことで、自分の考えを相手に説明したり、わからないところを教え合ったりできるので、理解が深まります。そして、さまざまな文脈の文を言ったり聞いたりすることができ、それぞれの語に出会う回数も増えます。

　普段の授業では、「語彙は導入したら終わり」「語彙を教室で練習する時間はない」と考える教師もいるかもしれませんが、数課ごとにこのような語彙学習のための活動を授業に取り入れてみることもできるでしょう。

(3) 語彙学習と多読、多聴

　初級では、日本語の授業で扱う話題は身近なものが中心でしたが、中級、上級とレベルが上がるにつれ、社会一般のことや専門分野なども扱えるような力をつけることが目標となり、必要となる語彙もますます増えていきます。そして、ただ知っている語の数を増やすだけでなく、知っている語の意味や使い方に関する知識を深めていくことも求められるようになります。

ふり返りましょう

【質問90】

中級以降で、語彙を増やし、知識を深めるために、どのようなことができますか。

　中級以降の語彙の学習では、これまで見てきたように語彙を体系として整理しながら覚えたり、語の使い方やコロケーションなどの新しい知識を意識的に増やしたりすることも重要な活動です。しかしそれだけでなく、実際の文脈の中で数多くの使われ方に出会うことも不可欠です。日本語で書かれたものをたくさん読んだり（多読）、日本語の音声をたくさん聞いたり（多聴）する活動 (*4) は、読解力、聴解力を高めるために有効な学習方法だと報告されていますが、語彙学習の点でも役立つ方法です。

　まず、日本語の文章を読む、聞くという活動を通して、学習者は新しい語に出会い、それを学ぶ可能性があります。文章が学習者の興味のある分野や、必要な分野であれば、必要な語彙は覚えようとします。読んだり聞いたりする文章が多ければ多いほど、それだけ、新しい語に出会う可能性が高まります。

そして、このような新しい語の学習以上に、多読、多聴が語彙学習に貢献するのは、たくさんの既習語と自然な文脈の中でくり返し出会う機会を作るという点にあります。既習語とのくり返しの出会いによって、その語の記憶が強化されることはもちろん、文脈からのさまざまな情報により、それぞれの語の知識を深めていくことができます。

　多読、多聴は、日本語の授業の中でもできますが、授業以外の時間を使って取り組めるようにすることもできます。しかし、日本語力に限りのある学習者にとって、日本語の文章を読んだり、聞いたりすることは、慣れないと時間もかかりますし、心理的な負担にもなります。

考えましょう

【質問91】
学習者が自分から進んで多読、多聴ができるような素材には、どのようなものが適していると思いますか。

　多読、多聴が良いとわかっていても、学習者のやる気がなければ、なかなか続きません。内容が学習者の興味に合っていることがもっとも重要ですが、文章の難易度が学習者のレベルかそれよりもやさしめのもので、辞書を引かなくても十分読めるレベルのもの、短時間で読めたり聞いたりできるものだと、学習者の負担が軽くなります。このような素材は、市販の読解教材、速読用教材、聴解教材などから得ることができます。初級からの多読の素材として、「日本語多読研究会」が開発した『レベル別日本語多読ライブラリー　にほんごよむよむ文庫』（アスク）がありますので、こういったものを利用することもできます。
　市販の教材では学習者の興味やレベルに合わない場合は、短編小説(*5)や新聞、放送など生の素材を使うこともできます。インターネットを利用すれば、学習者が自分の興味、関心に応じて自分で探すことができ、その素材を活用することもできます。音声付きの動画でニュースを配信しているウェブサイトでは、同じ内容の文章が文字情報として表示されることもあるので、あわせて使うこともできます。
　学習者にインターネットで自分の関心のある素材を選ばせると、学習者のレベルより難しい素材を選ぶかもしれませんが、多少の困難を伴っていても、学習者の強い動機が学習の継続を後押しします。インターネットを使う場合には、漢字にふり

がなをつけるウェブツールや、ウェブ辞書などを活用できるように指導するとよいでしょう (*6)。

【質問92】 →＜解答・解説編へ＞

あなたが教える学校やクラスで、多読、多聴を取り入れることができますか。どのような活動なら取り入れられるか、そのために、どのようなことをすればいいのか、まわりの人と話し合ってみましょう。

整理しましょう

　第5章、第6章では、語彙の学習と教え方について考えてきました。語彙は暗記するもの、覚えたら使えるようになるものと思っていた人もいたかもしれません。しかし、ある語を覚えたつもりでも、その後、出会わなければ忘れてしまいます。また、語に関する知識はさまざまなものがあり、一度に覚えるべきものではなく、くり返し出会い、使いながら深めていくものです。

　授業の時間は限られています。語彙を授業でどのように扱うかを考える際には、数多くある語の中で必要度の高いものは何か、学習者にとって必要な知識は何かを考え、記憶に残るように、また、知識が深められるような活動を設定しましょう。

　そして、学習者がさまざまな文脈で多くの語と出会えるように、授業でも授業以外の時間でも、日本語に触れる機会を増やす工夫が必要です。自分に必要な語に注目して整理する、習った語を積極的に使ってみる、自分で知らない語の意味を推測する、既習語でも、知らない意味や使い方に出会ったら、何度も辞書で確認するなど、自分で語彙を学習できるような力を養うことも、語彙を教える上で教師が考えなければならない点です。

　ここまで見てきたように、文字の学習、語彙の学習は、一般的に、「覚える」ということばかりに注目しがちですが、学習者のやる気を引き出し、学習者が自分で学習方法を工夫できるような力を身につけさせることも重要な視点です。みなさんも、実際の授業でさまざまな活動を取り入れ、工夫してみてください。

注

*1：読解や聴解の授業には、その目的によりさまざまな教え方があります。具体的な授業の方法については、本シリーズ第 5 巻『聞くことを教える』、第 7 巻『読むことを教える』、第 10 巻『中・上級を教える』を参照してください。

*2：ただし、本文の中に学習者の知らない語が多すぎると、内容を十分に理解できず、意味推測も難しくなります。小森他（2004）、三國他（2005）では、読解、聴解の文章中のすべての語のうち、96%（読解）、および 93%（聴解）以上の語を知らないと、内容を十分理解できないという調査の結果が報告されています。

*3：要約については、本シリーズ第 7 巻『読むことを教える』pp.47-50、第 10 巻『中・上級を教える』pp.89-90 を参照してください。再話については、本シリーズ第 5 巻『聞くことを教える』p.62 を参照してください。

*4：多読、多聴には、さまざまな方法があります。多読についてくわしく知りたい人は、「NPO 多言語多読」のホームページ（https://tadoku.org/）などを参考にしてください。多聴については、本シリーズ第 5 巻『聞くことを教える』pp.93-96 を参考にしてください。

*5：国際交流基金日本語国際センターでは、2007 年度に日本語教育に利用できる文学作品を調査し、33 点の作品をデータベース化しました。調査の概要及びデータベースは以下のウェブサイトを参照してください。

国際交流基金日本語国際センター調査研究部会調査研究プロジェクト 2007 年度下半期
「日本語教育に利用できる文学作品の収集と利用実態調査（報告書）」
https://www.jpf.go.jp/j/urawa/about/world/k_project_2007s-1.html

そのほかに、多読授業の実践を報告している江田他（2005）でも、授業で利用した短編小説の一部が紹介されています。

*6：日本語学習のウェブサイトやウェブツール、それらの使い方に関する情報は、日本語学習ポータルサイト「NIHONGO e な」（https://nihongo-e-na.com/）でくわしく紹介されていますので、参考にしてください。

《解答・解説編》
かいとう　かいせつへん

Ⅰ．文字編
へん

1 日本語の文字

■【質問7】（解答例）

① Paraguay：パラグアイ／パラグアイ　　Patricia：パトリシア　　Paty：パティー
② Versailles：ベルサイユ／ヴェルサイユ
③ Sweden：スエーデン／スウェーデン

■【質問8】（解答例）

庭には二羽、裏庭には二羽、鶏がいる。
にわ　　にわ　うらにわ　　にわ　にわとり

2 かな（ひらがな・カタカナ）の教え方

2-1. かなの「読み」の教え方

p.18（解答）

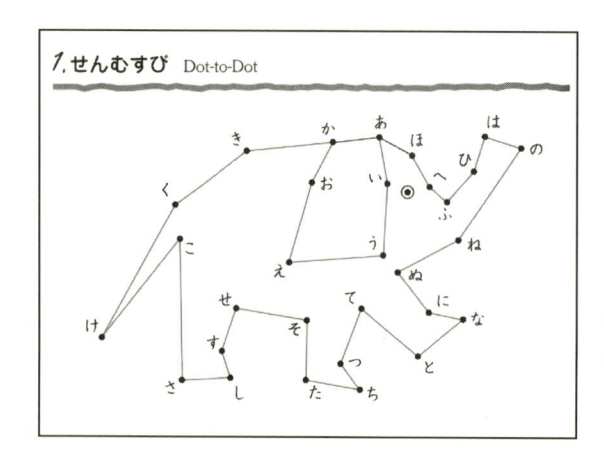

『JAPANESE FOR YOUNG PEOPLE Ⅰ
Kana Workbook』（講談社インターナ
こうだんしゃ
ショナル）p.18を利用して作成
りよう　さくせい

■【質問 19】（解答例）

ひらがな同士：「ね」「れ」「わ」、「る」「ろ」「ら」、「へ」「て」「こ」、「い」「り」、「い」「こ」
カタカナ同士：「タ」「ヌ」、「ミ」「シ」「ツ」、「コ」「ユ」「ソ」「ン」、「ワ」「ク」、「セ」「ヤ」
ひらがなとカタカナ：「や」「ヤ」、「せ」「セ」、「か」「カ」、「き」「キ」

2-2. かなの「書き」の教え方

■【質問 25】（解答例）

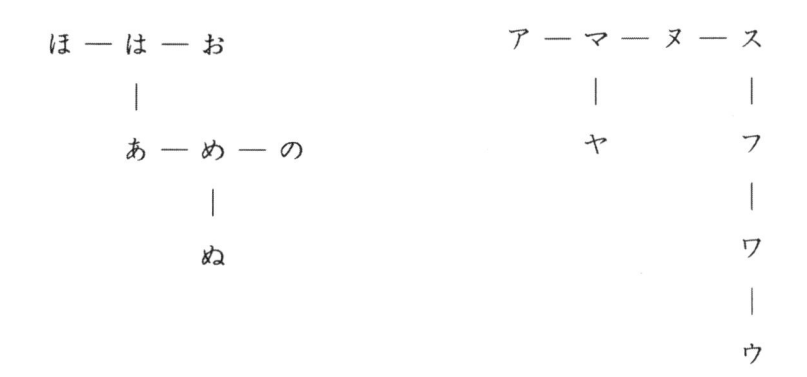

```
ほ ― は ― お        ア ― マ ― ヌ ― ス
        │                │       │
    あ ― め ― の          ヤ       フ
        │                        │
        ぬ                        ワ
                                  │
                                  ウ
```

『教えるためのことばの整理 Vol.1』（(財)京都日本語教育センター）pp.6-7 より

2-3. 文字の学習から語彙の学習へ

■【質問 27】（解答）

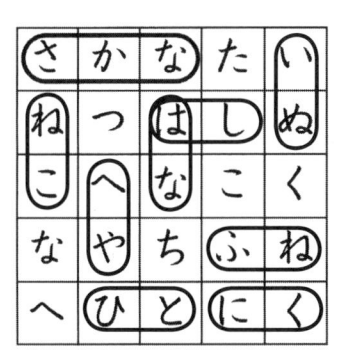

さ	か	な	た	い
ね	っ	は	し	ぬ
こ	へ	な	こ	く
な	や	ち	ふ	ね
へ	ひ	と	に	く

『JAPANESE FOR YOUNG PEOPLE Ⅰ Kana Workbook』
（講談社インターナショナル）p.18 を利用して作成

■【質問 28】（解答）

①月の左側(ひだりがわ)に注目(ちゅうもく)してください。「つ」「き」がかくれています。

②ゆりの花に注目(ちゅうもく)してください。「り」は右下の花びらに、「ゆ」はおしべ（「り」の上）にかくれています。

③「ひ」は胴体(どうたい)に注目(ちゅうもく)してください。「よ」は前に出ている足に注目(ちゅうもく)してください。「こ」は体中央(ちゅうおう)の羽(はね)に注目(ちゅうもく)してください。（この作品(さくひん)は、カナダで行われた「にほんごアートコンテスト 2004」の大賞受賞作品(たいしょうじゅしょうさくひん)、小学 1 年生の作品(さくひん)です。）

3 漢字の基礎的知識(きそてきちしき)

3-1. かなと漢字の違(ちが)い

■【質問 31】（解答）

字形：川　　音：セン(音読(おんよ)み)、かわ(訓読(くんよ)み)　　意味：

3-2. 漢字の数

■【質問 32】（解答・解説）

字数	小・中学生	日本語能力試験(のうりょくしけん) （旧試験(きゅうしけん)）	新聞	＜参考(さんこう)＞ 日本漢字能力検定(のうりょくけんてい)
6,000				1 級(きゅう)
3,000			99.9%	準1級(じゅんきゅう)
2,000	中学生 (1,945字)	1 級(きゅう)	99.6%	2 級(きゅう)(1,945＋人名漢字) 準2級(じゅんきゅう) （1,945）
1,500				3 級(きゅう) （1,608字） 4 級(きゅう) （1,322字）
1,000	小学6年生(1,006字)	2 級(きゅう)	93.9%	5 級(きゅう) （1,006字）
800	小学 5 年生 （825字）			6 級(きゅう) （825字）
600	小学 4 年生 （640字）			7 級(きゅう) （640字）
500	小学 3 年生 （440字）		79.4%	8 級(きゅう) （440字）
300	小学 2 年生 （240字）	3 級(きゅう)		9 級(きゅう) （240字）
100	小学 1 年生 （80字）	4 級(きゅう)		10 級(きゅう) （80字）

小・中学校、日本漢字能力検定のデータは 2010 年末の数字です。新聞の漢字数のデータは、国立国語研究所の調査報告『現代新聞の漢字』(1976) をもとにしています。

「日本漢字能力検定（漢字検定）」とは、漢字能力を測定する技能検定のことで、公益財団法人日本漢字能力検定協会が実施しています。表のように全部で 1 ～ 10 級の 12 段階に分かれています。日本では、漢字は年齢に関係なく学べる身近な学習対象であるため、幅広い年齢層の人が漢字検定試験に挑戦しています。くわしくは、公益財団法人日本漢字能力検定協会のホームページを見てください。http://www.kanken.or.jp（2016 年 4 月 12 日参照）

3-3. その他の基礎的知識

【質問 34】（解答）

	画数	部首	音符
拍	8画	扌	白（ハク）
作	7画	イ	乍（サク）
花	7画	艹	化（カ）

4 漢字の教え方

4-1. 漢字指導の方法

【質問 35】（解説）

たくさん書いて覚える、空書して覚える、成り立ちを調べたり想像したりして覚える、部首など漢字の部品を使って覚える、教科書を何度も見て覚える、リストを見て覚える、漢字カードを作ってくり返し見て覚える、ことばで覚える、例文を作って覚える、など。もしあなたの書き出した学習方法が少なかったり、かたよっていたりしたら、あなたの漢字指導にも影響します。ここにあげた学習方法が具体的にどのような方法なのか本章で確認していきましょう。

4-2. 漢字の段階的な指導
だんかいてき　しどう

p.41（解答）

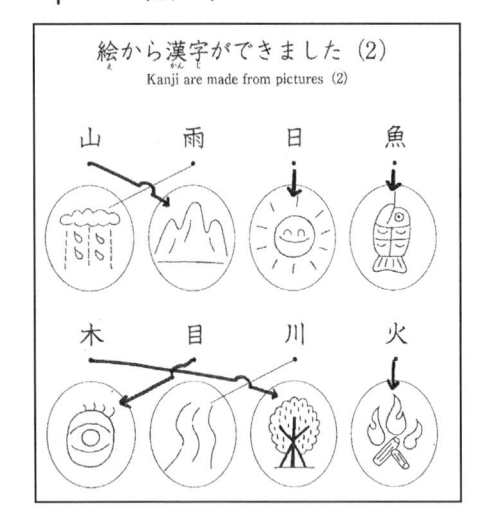

絵から漢字ができました（2）
Kanji are made from pictures (2)

山　雨　日　魚

木　目　川　火

『みんなの日本語初級Ⅰ漢字　英語版』
（スリーエーネットワーク）p.9を利用して作成
りよう　　　　さくせい

p.43（解答）

漢字を切る！(1)

1. 外　2. 好　3. 新　4. 花　5. 前
6. 駅　7. 電　8. 音　9. 布　10. 思

漢字を切る！(2)

1. 校　2. 夜　3. 週

p.44（解答）

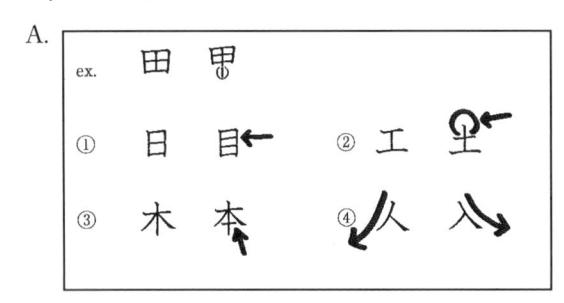

A.

ex. 田 甲

① 日 目　② エ 生
③ 木 本　④ 人 入

『Write Now! Kanji for Beginners』
（スリーエーネットワーク）p.11を利用
りよう
して作成
さくせい

B.　①学　②手　③男　④先　⑤留　⑥雨

p.45（解答）

1) 力　2) 小　3) 中　4) 本

pp.45-46（解答）

A. （夕）+（夕）= 多
　　（气）+（〆）= 気
　　（氺）+（木）= 楽
　　（宀）+（女）= 安
　　（亲）+（見）= 親
　　（七）+（刀）= 切

『Write Now! Kanji for Beginners』
（スリーエーネットワーク）解答 p.6 より

B. ①耳　②門　③足　④車　⑤雨　⑥女

■【質問 45】（解答例）

場面	漢字／ことば
駅	改札口、北口、西口、乗車位置、○○駅、売店、方面、○○線、○番線、乗車券、特急、駅長室 など
自動販売機	温かい、冷たい、お茶、お札、硬貨、売切 など

pp.51-52（解答例）

A. 花　薬　字　安　学　雲　雪　食　今　など

B. 1.行　2.時　3.作　4.酒　5.校　6.話　7.飲　など

p.53（解答）

1) 耳　2) 口　3) 目　4) 手　5) 足

p.54（解答）

1) 小　2) 水　3) 日

pp.54-55（解答）

A. 1)飲　2)行　5)帰　6)食　7)聞

B. 1)分・間　3)好・口　4)見・犬

【質問55】(解答例)

ケース	どのように
「国際」の読み方を知りたい: 「国際」の「国」「際」の両方の読み方がわからない場合	①画数を数える:「国」の画数は8画、「際」の画数は14画 ②画数索引:8画の漢字の中から「国」を探す。そして読み方を確認する。 ③音訓索引:②の読み方の1つを使って、調べて、「国」を見る。 ④「国」のことばのリストの中から「国際」を見て、読み方を確認する。
「国際」の読み方を知りたい: 「国際」の「国」の読み方「くに」は知っているが、「際」は知らない場合	①「くに」を使って、「国」を調べる。 ②「国」のことばのリストの中から「国際」を見て、読み方を確認する。
「国際」の読み方を知りたい: 「国」は「くに」、「際」は「さい」と知っているが、「国際」はどう読めばいいのかわからない場合	①「くに」を使って「国」を調べる。または「さい」を使って「際」を調べる。 ②ことばのリストの中から「国際」を見て、読み方を確認する。

Ⅱ. 語彙編

5 日本語の語彙

5-2. 語彙を学習するとは

【質問60】(解答例)

① 「病気にかかる」「インフルエンザにかかる」という結びつきはよくありますが、「風邪にかかる」という結びつきは一般的ではありません。「風邪をひく」という結びつきが自然です。

② 「希望」と結びつきやすい形容詞は、「強い」「大きい(大きな)」で、「高い」「深い」などは、一般的ではありません。

6 語彙の教え方

6-1. 語彙の導入

■【質問67】（解説）

以下の例のように、日本語教育用、教育一般用に、写真やイラストなどの素材を提供してるさまざまなウェブサイトがあります。実際に検索してみてください。また、「ゆかた」のように、イラストよりも写真や動画のほうが適している場合は、Googleなどの画像検索や動画検索の機能を使うと、写真や動画を見つけることができます。

どのサイトを利用する場合も、素材使用の際には利用の規約をよく読んで、使用範囲を確かめてください。

＜教育用素材を提供しているウェブサイトの例＞
・国際交流基金日本語国際センター「みんなの教材サイト」

　　　https://www.kyozai.jpf.go.jp/ (2023年12月5日参照)

擬声語・擬態語については、マンガや動画で学習者が直接学べるものもあります。
＜擬声語・擬態語をマンガや動画で学べるウェブサイトの例＞
・国際交流基金日本語国際センター「エリンが挑戦！にほんごできます。」コンテンツライブラリー

　　　https://www.erin.jpf.go.jp/ (2020年11月16日参照)

　　「マンガで覚えるオノマトペ」

＊動画も見ることができます。

・国際交流基金関西国際センター「アニメ・マンガの日本語」

　　https://anime-manga.jp/（2020 年 11 月 16 日参照）

　　「Expressions by Scene」＞「Samurai Expressions by Scene」

・国立国語研究所「e-JAPAN　国立国語研究所　日本語を楽しもう！」

　　https://www2.ninjal.ac.jp/Onomatope/index.html（2023 年 12 月 5 日参照）

6-2. 語彙の練習

pp.83-84（解答）

練習 F：①もどる、のこって、やめて　　②のこって、できる、くさって

練習 G：①e　②b　③f　④d　⑤a　⑥c

■【質問 82】（解答例）

①体の部分に関係する語	手、足、頭
②反対の意味を表す語のペア	失敗―成功、楽しい―悲しい、起きる―寝る、手―足
③気持ちに関係がある語	うれしい、悲しい、楽しい、ドキドキ
④「成」がつく語	完成、成功、成長
⑤動詞	起きる、治る、寝る
⑥例：「する」を直接つけることができる語 例：病気に関係のある語	完成、失敗、成功、成長、ドキドキ 医者、薬、せき、熱、病院、治る、痛い

108

p.90（解答）

①c　②a　③e　④d　⑤f　⑥b

p.91（解答）

I　1. a. ねむく　b. あくび　2. いびき　3. 寝言（ねごと）　4. 夢（ゆめ）

II　毛布（もうふ）を—はぐ　いびきを—かく　寝返（ねがえ）りを—打つ　あくびを—する　夢（ゆめ）を—見る
　　寝言（ねごと）を—言う

■【質問87】（解答例）

・相手や場面によって使い分けのある語の例
　　わたくし—わたし　　おうかがいする／うかがう—行く　　お越（こ）しになる—来（く）る
　　承知（しょうち）しました—わかった　　構（かま）いません—いいよ　　失礼（しつれい）いたします—バイバイ
　　いかが—どう　　どちら—どこ　　それでは／では—じゃあ　　はい—うん

・会話例（れい）

<ロールプレイ1>

B：はい、アイウ工業（こうぎょう）でございます。
A：いつもお世話（せわ）になっております。イロハ商事（しょうじ）のAと申（もう）しますが、B様（さま）はいらっしゃいますか。
B：はい、わたくしです。
A：お世話になっております。実（じつ）は、新商品（しんしょうひん）の件（けん）でお電話いたしました。新しいカタログができあがりましたので、近いうちにお持（も）ちしたいと思っているのですが、ご都合（つごう）はいかがでしょうか。
B：そうですね。明日（あした）の午後はいかがでしょうか。
A：では、明日（あした）の午後ということで。何時ごろおうかがいしましょうか。
B：2時以降（いこう）ならいつでも構（かま）いません。
A：それでは、3時はいかがでしょうか。
B：はい、わかりました。

<ロールプレイ2>

B：はい、Bです。
A：Aと申（もう）しますが、Bさんいらっしゃいますか。
B：はい、わたしです。お久（ひさ）しぶり。どうしたの？
A：実（じつ）は、北海道に旅行（りょこう）に行ってきたんだけど、Bさんにお土産（みやげ）買ってきたから、近いうちに渡（わた）したいんだ。いつなら行ってもいい？
B：ありがとう。えっと、明日（あした）の午後はどう？
A：明日（あした）の午後ね。何時ごろがいい？
B：2時以降（いこう）ならいつでもいいよ。
A：それじゃあ、3時はどう？
B：うん、いいよ。

A：では、3時におうかがいするということで。どちらへうかがえばよろしいでしょうか。
B：1階の受付にお越しください。
A：承知しました。では、明日の3時におうかがいします。
B：では、お待ちしております。
A：ありがとうございました。失礼いたします。

A：じゃあ、3時に。どこで会おうか。
B：私の家まで来てくれる？
A：うん、わかった。じゃあ、明日の3時に行くね。
B：待ってるね。
A：バイバイ。

【質問92】（解説）

　授業以外の時間を使った多読、多聴の試みには、さまざまなものがあります。取り組む教材や素材を決めて宿題のようにする方法もありますし、できるだけ実際の生活での読む活動、聞く活動に近くなるように、レベルや内容、長さなどバラエティを持たせた素材を多数用意し、学習者が好きなときに好きなものを選ばせるやり方もあります。学習者に好きなものを選ばせる方法の場合は、レベルや内容、長さについての情報をつけておくと、選ぶときの参考になります。また、学習者同士で素材を評価し合ったり、友だちに勧めたい素材を紹介し合ったりする場を設けることで、情報交換になるだけでなく、読んだり聞いたりすることへの動機がさらに高まります。

【参考文献】

●第1章

町田和彦監修、稲葉茂勝著 (2006)『世界のなかの日本語② 日本の文字の誕生』小峰書店

内田保男・石塚秀雄編 (1998)『カラーワイド新国語要覧 増補第4版』大修館書店

金田一春彦・金田一秀穂監修 (2005)『金田一先生の日本語教室② 世界の文字と日本の文字』学習研究社

古藤友子 (1997)『日本の文字のふしぎふしぎ』アリス館

三省堂編修所 (2005)『新しい国語表記ハンドブック 第5版』三省堂

日本エディタースクール (2005)『日本語表記ルールブック』日本エディタースクール出版部

●第2章

梅田康子・水田澄子・鈴木庸子 (2009)「韓国人高校生のためのIS連想法ひらがな学習カードの評価―記憶方略およびARCS動機付けモデルの観点から―」『愛知大学語学教育研究室紀要 言語と文化』20号、pp.121-139、愛知大学語学教育研究室

国際交流基金 (2003)「授業のヒント―かなを楽しく覚えよう―」『日本語教育通信』46号、pp.16-17、国際交流基金日本語国際センター

　（https://www.jpf.go.jp/j/project/japanese/teach/tsushin/hint/pdf/tushin46_p16-17.pdf（2018年2月20日参照））

国際交流基金 (2008)『日本語教師必携 すぐに使える「レアリア・生教材」コレクショCD-ROMブック』スリーエーネットワーク

鈴木克明 (2004)『教材設計マニュアル―独学を支援するために―』北大路書房

丸山敬介 (1994)『日本語教育演習シリーズ1 教えるためのことばの整理Vol.1』(財)京都日本語教育センター／凡人社

●第3・4章

国際交流基金・日本国際教育協会 (2002)『日本語能力試験出題基準〔改訂版〕』凡人社

国際交流基金 (2003)「授業のヒント―漢字の導入（オリエンテーション）―」『日本語教育通信』47号、pp.18-19、国際交流基金日本語国際センター

　（https://www.jpf.go.jp/j/project/japanese/teach/tsushin/hint/pdf/tushin47_p18-19.pdf（2018年2月20日参照））

国際交流基金 (2009)「授業のヒント―漢字を楽しく学ぶ10分活動―」『日本語教育通信』2009年5月更新分、国際交流基金

　（https://www.jpf.go.jp/j/project/japanese/teach/tsushin/hint/pdf/hint200905.pdf（2016年4月12日参照））

国際交流基金 (2008)『日本語教師必携 すぐに使える「レアリア・生教材」コレクショCD-ROMブック』スリーエーネットワーク

国立国語研究所 (1976)『国立国語研究所報告 56　現代新聞の漢字』秀英出版

濱川祐紀代編著 (2010)『日本語教師のための　実践・漢字指導』くろしお出版

●第5・6章

秋元美晴 (2010)『日本語教育能力検定試験に合格するための語彙 12 』アルク

岡崎眸・岡崎敏雄 (2001)『日本語教育における学習の分析とデザイン―言語習得過程の視点から見た日本語教育―』凡人社

門田修平・池村大一郎編著 (2006)『英語語彙指導ハンドブック』大修館書店

小森和子・三國純子・近藤安月子 (2004)「文章理解を促進する語彙知識の量的側面―既知語率の閾値探索の試み―」『日本語教育』120 号、pp.83-92、日本語教育学会

江田すみれ・飯島ひとみ・野田佳恵・吉田将之 (2005)「中・上級の学習者に対する短編小説を使った多読授業の実践」『日本語教育』126 号、pp.74-83、日本語教育学会

松本順子・堀場裕紀江 (2007)「日本語学習者の語彙知識の広さと深さ―中国語母語話者と日本語母語話者の比較―」『第二言語としての日本語の習得研究』10 号、pp.10-27、第二言語習得研究会

三國純子・小森和子・近藤安月子 (2005)「聴解における語彙知識の量的側面が内容理解に及ぼす影響―読解との比較から―」『日本語教育』125 号、pp.76-85、日本語教育学会

山方純子 (2008)「日本語学習者のテクスト理解における未知語の意味推測―L2 知識と母語背景が及ぼす影響―」『日本語教育』139 号、pp.42-51、日本語教育学会

米山朝二 (2002)『英語教育　実践から理論へ　改訂増補版』松柏社

I.S.P. ネーション著、吉田晴世・三根浩訳 (2005)『英語教師のためのボキャブラリー・ラーニング』松柏社 (I.S.P. Nation (2001) *Learning vocabulary in another language*, Cambridge: Cambridge University Press.)

【参考にした教材等】

●第1・2章

国際交流基金（1978）『日本語かな入門　英語版』凡人社

国際日本語普及協会（1996）『Japanese for Busy People Kana Workbook』講談社インターナショナル

国際日本語普及協会（1998）『Japanese for Young People 1 Kana Workbook』講談社インターナショナル

スリーエーネットワーク（1998）『みんなの日本語初級I　本冊』スリーエーネットワーク

棚橋明美・渡邉亜子・大場理恵子・清水知子（2009）『聞いて書いて覚えるカタカナ語スピードマスター』Jリサーチ出版

波瀬満子（1997）『ビデオ　はせみつこのあいうえおあそび1　ビデオ・あいうえお体操』太郎次郎社エディダス

チェコ日本語教師会（2007）*Obrázkavá HIRAGANA-Zábavná učebnice japonského slabičného pisma*, チェコ＝日本友好協会 , Czech.

Quackenbush, H. and M. Ohso (1999) *HIRAGANA in 48 Minutes,* Curriculum Development Centre, Canberra Australia.

The Japan Foundation Bangkok（2009）『絵と音で楽しくおぼえよう　ひらがなカード』国際交流基金（非売品）

大韓民国教育部（2001）『中学校生活日本語─こんにちは─』大韓教科書

The Japan Foundation Sydney Language Centre 'CLASSROOM RESOURCES'
（https://jpf.org.au/classroom-resources/resources/hiragana-katakana-game/）

●第3・4章

アークアカデミー教材作成委員会編（1995）『漢字マスター Vol.1　4級漢字100』専門教育出版

アメリカ・カナダ大学連合日本研究センター編、西口光一、河野玉姫著（1994）『Kanji in Context Workbook Vol.1：a Study System for Intermediate & Advanced Learners』The Japan Times

加納千恵子・清水百合・竹中弘子・石井恵理子（2005）『Basic Kanji Book　基本漢字500　Vol.1　第4版』凡人社

加納千恵子・清水百合・竹中弘子・石井恵理子（2001）『Basic Kanji Book　基本漢字500　Vol.2　第4版』凡人社

加納千恵子・清水百合・竹中弘子・石井恵理子・阿久津智（2007）『Intermediate Kanji Book　漢字1000 Plus Vol.1　改訂版』凡人社

髙橋秀雄監修、ボイクマン総子・渡辺陽子・倉持和菜著（2008）『ストーリーで覚える漢字300　英語・韓国語・ポルトガル語・スペイン語訳版』くろしお出版

高橋秀雄監修、ボイクマン総子・渡辺陽子・倉持和菜著（2008）『ストーリーで覚える漢字300　英語・インドネシア語・タイ語・ベトナム語版』くろしお出版

西口光一監修、新矢麻紀子・古賀千世子・髙田亨・御子神慶子著（2000）『みんなの日本語初級Ⅰ漢字　英語版』スリーエーネットワーク

春遍雀來（2001）『講談社漢英学習字典』講談社インターナショナル

水谷信子監修（2006）『日本語の教え方スーパーキット2 "新選素材"プラス』アルク

向井留実子・築地伸美・串田真知子（2006）『Write Now! Kanji for Beginners』スリーエーネットワーク

Kanji Text Research Group (University of Tokyo) (2008)『250 Essential Japanese Kanji Characters　日常生活の漢字250　Volume 1』Tuttle Publishing.

●第5・6章

足立章子・黒﨑典子・中山由佳（2001）『初級から中級への橋渡しシリーズ①　漢字・語彙が弱いあなたへ』凡人社

秋元美晴・有賀千佳子（1996）『ペアで覚えるいろいろなことば―初・中級学習者のための連語の整理―』武蔵野書院

小野正樹・小林典子・長谷川守寿（2009）『コロケーションで増やす表現―ほんきの日本語―　Vol.1』くろしお出版

小野正樹・小林典子・長谷川守寿（2010）『コロケーションで増やす表現―ほんきの日本語―　Vol.2』くろしお出版

神田靖子・佐藤由紀子・山田あき子編著（2002）『日本語を磨こう』古今書院

国際日本語普及協会（1998）『Japanese for Young People 1 Kana Workbook』講談社インターナショナル

小山悟（2009）『J. Bridge　新装版』凡人社

小山悟（2008）『J. Bridge for Beginners Vol.2』凡人社

庄司香久子監修（2010）『英文版日本語言葉のコンビネーション・ハンドブック　Common Japanese Collocations』講談社インターナショナル

富川和代（1997）『絵で学ぶ擬音語・擬態語カード　らくらく覚えてどんどん使おう』スリーエーネットワーク

日本語多読研究会監修（2005～）『レベル別日本語多読ライブラリー　にほんごよむよむ文庫』

深谷久美子・野間珠江・小林公巳子（1993）『すぐに使える実践日本語シリーズ5　どんどん身につく動詞　初・中級』専門教育出版

松本節子・佐久間良子（2008）『初級から中級への日本語ドリル　語彙』The Japan Times

Tohsaku, Y (1999) *Yookoso! :an Invitation to Contemporary Japanese*, McGraw-Hill.

【参考にしたウェブサイト】

(2023年12月5日参照)

文化庁「内閣告示・内閣訓令」https://www.bunka.go.jp/kokugo_nihongo/sisaku/joho/joho/kijun/naikaku/index.html

にほんごアートコンテスト実行委員会「にほんごアート」https://nihongoart.wordpress.com

こどものまち「かんじひつじゅんじてん」https://sikoku.jp/kanji/

「ひらひらのひらがなめがね」https://www.hiragana.jp/

「POP辞書」https://www.popjisyo.com/

「NPO多言語多読」https://tadoku.org/

国際交流基金関西国際センター「NIHONGO eな」https://nihongo-e-na.com/

国際交流基金日本語国際センター「エリンが挑戦！にほんごできます。」コンテンツライブラリー
　　　　https://www.erin.jpf.go.jp/

国際交流基金関西国際センター「アニメ・マンガの日本語」https://anime-manga.jp/

国際交流基金日本語国際センター「みんなの教材サイト」https://www.kyozai.jpf.go.jp/

巻末資料

<資料1> 「平成22年国勢調査」(総務省)の各国語での案内ポスター

10月1日現在で国勢調査を実施します。
外国人の方も調査の対象です。

中国語
自10月1日起，人口普查开始了。

韓国語
10월 1일 현재로 인구 조사를 행합니다.

ポルトガル語
Censo populacional será realizado em 1 de Outubro.

スペイン語
El gobierno de Japón va a realizar un censo de población el 1 de octubre de 2010.

英語
As of October 1, the population census is being conducted.

タガログ語
Ngayon ika-1 ng Oktubre, magsisimula na ang sensus ng populasyon.

タイ語
ในวันที่ 1 ตุลาคม 2010 นี้ รัฐบาลญี่ปุ่นจะทำการตรวจสอบสำมะโนประชากร

ベトナム語
Thực hiện cuộc điều tra dân số vào thời điểm ngày 1 tháng 10 năm 2010.

フランス語
Le recensement de la population débute le 1er octobre 2010.

ベンガル語
১লা অক্টোবর থেকে শুরু হয়ে এখন আদমশুমারি চলছে।

マレー語
Kerajaan Jepun sedang melaksanakan bancian penduduk berkuatkuasa 1 Oktober, 2010.

ヒンディー語
1 अक्टूबर से जनगणना सर्वेक्षण अभियान शुरू होगा.

シンハラ語
2010 ඔක්තෝබර් මස 01 වන දින ජපන් රජය විසින් ජනසංගණනය පවත්වනු ලැබේ.

ロシア語
Перепись населения проводится по состоянию на 1 октября 2010 года.

ミャンマー語
အောက်တိုဘာလ (၁)ရက် နေ့ မှစတင်၍ သန်းခေါင်စာရင်း စစ်တမ်းကောက်ယူနေပါသည်။

ドイツ語
Seit dem 1. Oktober wird eine landesweite Volkszählung durchgeführt.

ネパール語
सन २०१० अक्टोबर १ तारिखबाट शुरु गरिदै छ ।

アラビア語
يبدأ إجراء الإحصاء السكاني من الأول من تشرين الأول (اكتوبر) .

インドネシア語
Pelaksanaan sensus nasional dimulai pada tanggal 1 Oktober 2010.

モンゴル語
Япон Улсын Хүн Амын Тооллого 2010 оны 10 сарын 1 ний өдрөөс эхлэн явагдана.

ペルシャ語
از اول اکتبر سرشماری شروع خواهد شد .

ウルドゥ語
اکتوبر کی پہلی تاریخ سے مردم شماری شروع ہوگی ہے۔

イタリア語
Il censimento si svolgera` il 1° ottobre.

ラオ語
ຈາກວັນທີ 1 ເດືອນ 10, ການສຳຫຼວດສຳມະໂນປະຊາກອນຈະໄດ້ເລີ່ມຂຶ້ນ.

トルコ語
1 Ekim tarihinde genel nüfus sayımı yapılacaktır.

クメール語
ចាប់ពីថ្ងៃទី១ ខែតុលានេះ។

ルーマニア語
Din 1 octombrie începe recensământul populaţiei.

2010 国勢調査
Ministry of Internal Affairs and Communications
総務省

116

<資料2> ひらがなの字源

	あ	か	さ	た	な	は	ま	や	ら	わ	ん
	安あ	加かか	左さ	太たた	奈なな	波はは	末まま	也やや	良らら	和わわ	无えん

	い	き	し	ち	に	ひ	み		り	ゐ	
	以い	幾きき	之しし	知ちち	仁にに	比ひひ	美みみ		利りり	為ゐ	

	う	く	す	つ	ぬ	ふ	む	ゆ	る		
	宇うう	久くく	寸すす	川つつ	奴ぬぬ	不ふふ	武むむ	由ゆゆ	留るる		

	え	け	せ	て	ね	へ	め		れ	ゑ	
	衣ええ	計けけ	世せせ	天てて	祢ねね	部(阝)へ	女めめ		礼れれ	恵ゑゑ	

	お	こ	そ	と	の	ほ	も	よ	ろ	を	
	於おお	己こ	曽そそ	止とと	乃のの	保ほほ	毛もも	与よよ	呂ろろ	遠をを	

『カラーワイド新国語要覧 増補第4版』(大修館書店) p.321 より

<資料3> カタカナの字源

	ア	カ	サ	タ	ナ	ハ	マ	ヤ	ラ	ワ	ン
	阿ア	加カ	散サ	多タ	奈ナ	八ハ	万マ	也ヤ	良ラ	和ワ	〈字源不詳〉ン

	イ	キ	シ	チ	ニ	ヒ	ミ		リ	ヰ	
	伊イ	幾キ	之シ	千チ	二ニ	比ヒ	三ミ		利リ	井ヰ	

	ウ	ク	ス	ツ	ヌ	フ	ム	ユ	ル		
	宇ウ	久ク	須ス	州ツ	奴ヌ	不フ	牟ム	由ユ	流ル		

	エ	ケ	セ	テ	ネ	ヘ	メ		レ	ヱ	
	江エ	介ケ	世セ	天テ	祢ネ	部(阝)へ	女メ		礼レ	恵ヱ	

	オ	コ	ソ	ト	ノ	ホ	モ	ヨ	ロ	ヲ	
	於オ	己コ	曽ソ	止ト	乃ノ	保ホ	毛モ	与ヨ	呂ロ	乎ヲ	

『カラーワイド新国語要覧 増補第4版』(大修館書店) p.321 より

＜資料４＞　ひらがな表

ひらがな

V/C	a	i	u	e	o
	あ	い	う	え	お
k	か	き	く	け	こ
s	さ	し	す	せ	そ
t	た	ち	つ	て	と
n	な	に	ぬ	ね	の
h	は	ひ	ふ	へ	ほ
m	ま	み	む	め	も
y	や		ゆ		よ
r	ら	り	る	れ	ろ
w	わ				を
					ん

V/C	a	i	u	e	o
g	が	ぎ	ぐ	げ	ご
z	ざ	じ	ず	ぜ	ぞ
d	だ	ぢ	づ	で	ど
b	ば	び	ぶ	べ	ぼ
p	ぱ	ぴ	ぷ	ぺ	ぽ

V/C	a	u	o
ky	きゃ	きゅ	きょ
sh	しゃ	しゅ	しょ
ch	ちゃ	ちゅ	ちょ
ny	にゃ	にゅ	にょ
hy	ひゃ	ひゅ	ひょ
my	みゃ	みゅ	みょ
ry	りゃ	りゅ	りょ

V/C	a	u	o
gy	ぎゃ	ぎゅ	ぎょ
j	じゃ	じゅ	じょ
j	ぢゃ	ぢゅ	ぢょ
by	びゃ	びゅ	びょ
py	ぴゃ	ぴゅ	ぴょ

2. 長音
   おばさん：おばあさん　　おじさん：おじいさん　　ゆき：ゆうき
   え：ええ　　とる：とおる
   ここ：こうこう　　へや：へいや
   カード　タクシー　スーパー　テープ　ノート

3. 撥音
   えんぴつ　みんな　てんき　きんえん

4. 促音
   ぶか：ぶっか　　かさい：かっさい　　おと：おっと
   にっき　ざっし　きって　いっぱい　コップ　ベッド

5. 拗音
   ひやく：ひゃく　　じゆう：じゅう　　びょいん：びょういん
   シャツ　おちゃ　ぎゅうにゅう　きょう　ぶちょう　りょこう

左：『JAPANESE FOR YOUNG PEOPLE Ⅰ Kana Workbook』（講談社インターナショナル）p.2 より
右：『みんなの日本語初級Ⅰ』（スリーエーネットワーク）p.4 より

＜資料５＞　外来語の表記

第１表

アカサタナハマヤラワガザダパ
イキシチニヒミ　リ　ギジビピ
ウクスツヌフムユル　グズブプ
エケセテネヘメ　レ　ゲゼデベペ
オコソトノホモヨロ　ゴゾドボポ

　　　　　　　　シェ
　　　　　　　　チェ
　　ツァ　　　　ツェ　　ツォ
　　　　ティ
　　ファ　フィ　フェ　フォ
　　　　　　　　ジェ
　　　　ディ
　　　　　　デュ

キャ　キュ　キョ
シャ　シュ　ショ
チャ　チュ　チョ
ニャ　ニュ　ニョ
ヒャ　ヒュ　ヒョ
ミャ　ミュ　ミョ
リャ　リュ　リョ
ギャ　ギュ　ギョ
ジャ　ジュ　ジョ
ヂャ　ヂュ　ヂョ
ビャ　ビュ　ビョ
ピャ　ピュ　ピョ

ン（撥音）
ッ（促音）
ー（長音符号）

第２表

　　　　　　　イェ
　　　　ウィ　　　　ウェ　ウォ
クァ　クィ　　　　　クェ　クォ
　　　　ツィ
　　　　　　トゥ
グァ
　　　　　　ドゥ
ヴァ　ヴィ　ヴ　　ヴェ　ヴォ
　　　　　　テュ
　　　　　　フュ
　　　　　　ヴュ

内閣告示第二号（1991）

<資料6> 線の練習

<資料7> パタンリスト

SKIP PATTERNS CHART

No.	Pattern	Classification	Examples						
1	LEFT-RIGHT	clear space	相 4-5	代 2-3	情 3-8	小 1-2	川 1-2	州 2-4	順 1-11 傾 2-11
		conceptual space	扱 3-3	級 6-3	歓 11-4	街 3-9	町 5-2	翻 12-6	髄 10-9 伺 2-5
2	UP-DOWN	clear space	示 1-4	二 1-1	三 1-2	言 1-6	公 2-2	谷 2-5	父 2-2 多 3-3
		conceptual space	芳 3-4	合 2-4	響 11-9	桑 2-8	系 1-6	雀 4-7	券 6-2 春 5-4
		horizontal line	寺 3-3	空 3-5	文 2-2	亭 2-7	忘 2-5	学 5-3	索 4-6 義 3-10
		frame element	古 2-3	点 2-7	免 2-6	早 4-2	尭 2-6	当 3-3	南 2-7 支 2-2
3	ENCLOSURE	▢ (top-left open)	進 3-8	辻 4-2	起 7-3	延 3-5	魅 8-7	直 1-7	ヒ 1-1 止 2-2
		▢ (top-right open)	旬 2-4	載 6-7	刀 1-1	司 1-4	可 2-3	戒 4-3	鳥 7-4 馬 6-4
		▢ (bottom-left open)	麻 3-8	圧 2-3	尾 3-4	病 5-5	石 2-3	考 4-2	着 7-5 斗 2-2
		▢ (bottom-right open)	間 8-4	岡 2-6	風 2-7	向 3-3	肉 4-2	凶 2-2	山 2-1 画 2-6
		▢ (bottom open)	医 2-5	臣 3-4	藍 2-9	丑 2-2			
		▢ (closed)	回 3-3	国 3-5	田 3-2	日 3-1	目 3-2	四 3-2	皿 3-2
4	SOLID	1 top line	下 3-1	耳 6-1	雨 8-1	子 3-1	凸 5-1	口 3-1	亜 7-1 爾 14-1
		2 bottom line	上 3-2	七 2-2	亡 3-2	丘 5-2	由 5-2	自 6-2	坐 7-2 重 9-2
		3 through line	中 4-3	十 2-3	手 4-3	本 5-3	求 7-3	乗 9-3	毛 4-3 粛 11-3
		4 others	人 2-4	九 2-4	女 3-4	火 4-4	犬 4-4	成 6-4	寿 7-4 為 9-4

『講談社漢英学習字典』（講談社インターナショナル）p.878 より

<資料8> 最初に教える漢字の例

(1)『みんなの日本語初級I 漢字 英語版』(スリーエーネットワーク)

この教材には、全部で220字の漢字が選ばれています。そのうち、はじめの100字は以下の通りです。

```
日月火水木金土山川田一二三四五六七八九十百千万円学
生先会社員医者本中国人今朝昼晩時分半午前後休毎何行
来校週去年駅電車自転動高安大小新古青白赤黒上下父母
子手好主肉魚食飲物近間右左外男女犬書聞読見話買起帰
(100字)
```

(2)『BASIC KANJI BOOK VOL.1』(凡人社)

この教材には、全部で251字の漢字が選ばれています。そのうち、はじめの97字は以下の通りです。

```
日月木山川田人口車門火水金土子女学生先私一二三四五
六七八九十百千万円年上下中大小本半分力何明休体好男
林森間畑岩目耳手足雨竹米貝石糸花茶肉文字物牛馬鳥魚
新古長短高安低暗多少行来帰食飲見聞読書話買教
(97字)
```

(3)日本語能力試験(旧試験)出題基準4級漢字

『日本語能力試験出題基準(改訂版)』(凡人社) p.7に掲載されている4級漢字表の103字は以下の通りです。

```
安一飲右雨駅円下火何花会外学間気九休魚金空月見言古
五午後語口行校高国今左三山子四耳時七社車手週十出書
女小少上食新人水生西千川先前足多大男中長天店電土東
道読南二日入年買白八半百父分聞母北木本毎万名目友来
立六話(103字)
```

121

<資料9> 『KANJI IN CONTEXT WORKBOOK VOL.1』(The Japan Times) p.4

第 2 回
(27-51)

Ⅰ. 次の表現を勉強し、＿＿＿＿の言葉の意味と読み方を覚えなさい。

- ☐ 青白い顔(かお)
- ☐ 生き生きした顔/表情/目(かお ひょうじょう)
- ☐ 恥(は)ずかしくて顔を赤(あか)らめる
- ☐ 中年の男性/女性(だんせい じょせい)
- ☐ 能力(のうりょく)/才能(さいのう)を生(い)かす
- ☐ 一生(いっしょう)に一度のチャンス
- ☐ 雑草(ざっそう)が生(は)える

Ⅱ. 次の表現を比較し、＿＿＿＿言葉の意味と読み方を覚えなさい。

- ☐ 真っ白い雪　真っ赤な顔(かお)　真っ青な顔(かお)

Ⅲ. ＿＿＿＿の言葉の読み方を書きなさい。

☐ 医学が進んだ今日でも治(なお)せない病気はたくさんある。	今日(こんにち)
☐ 私は人前で話すのが苦手(にがて)です。	人前(ひとまえ)で
☐ 今私は川上(かわかみ)先生の下で歌の勉強をしています。早く一人前の歌手(かしゅ)になりたいと思って、一生懸命(いっしょうけんめい)勉強しています。	今　先生(いま せんせい) 下　一人前(もと いちにんまえ)
☐ 今ちょっとお客さんが来ているので、後でまた電話します。	後で(あと)
☐ ただ今、来客中(らいきゃくちゅう)ですので、後ほどこちらからお電話さしあげます。	後ほど(のち)
☐ 先ほどお電話いたしました川上(かわかみ)と申(もう)しますが、……。	先ほど(さき)
☐ しばらく学校を休んでいたので、だいぶ勉強が後れた。	学校(がっこう)　後れた(おく)
☐ その後、お変わりありませんか。	その後(ご)
☐ サラリーマンはどんなに暑い日でも上着を着て会社に行きます。	上着(うわぎ)

今	午	前	後	上	下	中	横	右	左	本	机
27	28	29	30	31	32	33	34	35	36	37	38

<資料10> 『INTERMEDIATE KANJI BOOK VOL.1』(凡人社) p.69, 74

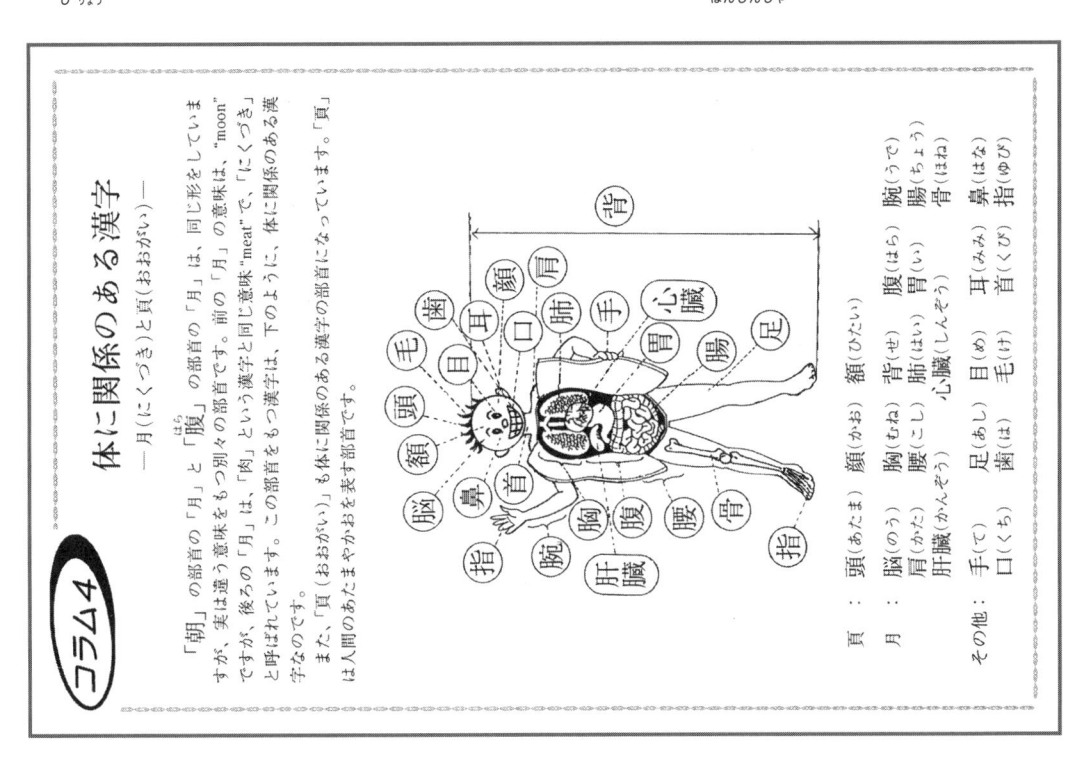

コラム4　体に関係のある漢字

―月(にくづき)と頁(おおがい)―

「朝」の部首の「月」と「腹」の部首の「月」は、同じ形をしていますが、実は違う意味をもつ別々の部首です。前の「月」の意味は、"moon"ですが、後ろの「月」は、「肉」という漢字と同じ意味で、"meat"と呼ばれています。この部首をもつ漢字は、下のように、体に関係のある漢字なのです。

また、「頁(おおがい)」も体に関係のある漢字の部首になっています。「頁」は人間のあたまやかおを表す部首です。

頁　：　頭(あたま)　顔(かお)　額(ひたい)

月　：　脳(のう)　胸(むね)　背(せ)　腹(はら)　胃(い)　腸(ちょう)　腕(うで)
　　　　肩(かた)　腰(こし)　肺(はい)　骨(ほね)
　　　　肝臓(かんぞう)　心臓(しんぞう)

その他：手(て)　足(あし)　目(め)　耳(みみ)　鼻(はな)　指(ゆび)
　　　　口(くち)　歯(は)　毛(け)　首(くび)

応用練習

I. 次のことばと反対の意味のナ形容詞を(　)に書き、読みも書いてみましょう。

例. 便利な ⇔ (　不便な　)
　　　　　　　ふべん

1. 単純な ⇔ (　　　　)
2. 有力な ⇔ (　　　　)
3. 幸運な ⇔ (　　　　)
4. 貧乏な ⇔ (　　　　)
5. 正常な ⇔ (　　　　)
6. 自由な ⇔ (　　　　)
7. 安全な ⇔ (　　　　)
8. 平等な ⇔ (　　　　)
9. 必要な ⇔ (　　　　)
10. 正確な ⇔ (　　　　)
11. 有利な ⇔ (　　　　)
12. 完全な ⇔ (　　　　)
13. 可能な ⇔ (　　　　)
14. 病弱な ⇔ (　　　　)
15. 快適な ⇔ (　　　　)
16. 柔軟な ⇔ (　　　　)

II. 次の(　)に、下の｜｜｜から適当なことばを選んで入れましょう。
　　(できる人は下のことばを紙でかくして、やってみましょう。)

1. こんな(　　　)なプレゼントは、とてもいただけません。
　　｜高価　高等　貴重　重要｜

2. 年をとると、(　　　)な変化にはなかなかついていけない。
　　｜大変　急変　感激　急激｜

3. 信号が黄色のときは、正まらないと(　　　)です。
　　｜危機　危険　保険　険悪｜

4. 彼はどんな時でも(　　　)だから、頼りになる。
　　　　　　　　　　たよ
　　｜養冷　静冷　冷静　冷血｜

【執筆者】

木田真理（きだ　まり）

篠﨑摂子（しのざき　せつこ）

中村雅子（なかむら　まさこ）

濱川祐紀代（はまかわ　ゆきよ）

◆教授法教材プロジェクトチーム

久保田美子（チームリーダー）

阿部洋子／木谷直之／木田真理／小玉安恵／中村雅子／長坂水晶／簗島史恵

※執筆者およびプロジェクトチームのメンバーは、初版刊行時には、
　すべて国際交流基金日本語国際センター専任講師

イラスト　岡﨑久美

国際交流基金 日本語教授法シリーズ
第3巻「文字・語彙を教える」

The Japan Foundation Teaching Japanese Series 3
Teaching Characters and Vocabulary
The Japan Foundation

発行	2011年3月31日　初版1刷
	2023年12月22日　　5刷
定価	1100円＋税
著者	国際交流基金
発行者	松本 功
装丁	吉岡 透 (ae)
印刷・製本	三美印刷株式会社
発行所	株式会社ひつじ書房

〒112-0011　東京都文京区千石2-1-2　大和ビル2F
Tel : 03-5319-4916　Fax : 03-5319-4917
郵便振替　00120-8-142852
toiawase@hituzi.co.jp　https://www.hituzi.co.jp/

Ⓒ2008 The Japan Foundation
ISBN978-4-89476-303-6

造本には充分注意しておりますが、落丁・乱丁などがございましたら、
小社かお買い上げ書店にておとりかえいたします。

ご意見・ご感想など、小社までお寄せくださされば幸いです。